A Divina Sabedoria dos Mestres

Solange
Janeiro 2000

Brian WEISS

A Divina Sabedoria dos Mestres

Um guia para a felicidade, alegria e paz interior

3ª Edição

SEXTANTE

tradução
Fabiana Colasanti e Luiz Antônio Aguiar

capa
Raul Fernandes

preparo de original
Regina da Veiga Pereira

revisão
Sérgio Bellinello Soares

fotolitos
Mergulhar Serviços Editoriais Ltda.

impressão e acabamento
Lis Gráfica e Editora Ltda.

CIP-BRASIL. CATALOGAÇÃO-NA-FONTE
SINDICATO NACIONAL DOS EDITORES DE LIVROS, RJ.

W456d Weiss, Brian L. (Brian Leslie), 1944–
A divina sabedoria dos mestres / Brian L. Weiss ; [tradução Fabiana Colasanti e Luiz Antônio Aguiar]. – Rio de Janeiro : Sextante, 1999

Tradução de: Sacred steps for wisdom
ISBN 85-86796-25-5

1. Amor. 2. Espiritualidade. 3. Técnicas de auto-ajuda. I. Título.

99-0840 CDD 158.2
CDU 159.96

GMT Editores Ltda.
Av. Nilo Peçanha, 155 Gr. 301 - Centro
20020-100 - Rio de Janeiro - RJ
Tel.: (021) 524-6760 - Fax: (021) 533-1622
Central de Atendimento a Clientes: 0800 22 6306

Índice

Solange

Prefácio

Estamos imersos na Nova Era, essa consciência espiritual e holística que parece ter derrubado as barreiras das antigas crenças, alargando os limites estreitos de nossas percepções. As evidências estão por toda a parte, criando uma nova compreensão do que somos.

As instituições de saúde investem em estudos sobre acupuntura, medicamentos à base de ervas, hipnose e estados alterados de consciência. As companhias de seguro começam a cobrir tratamentos através de técnicas de cura alternativas. Filmes e programas de televisão divulgam temas da Nova Era para milhões de espectadores interessados no assunto.

O que está acontecendo?

Durante centenas de anos, acreditou-se que o desenvolvimento tecnológico resolveria os problemas da humanidade, e que a solução para a doença, miséria e sofrimento viria através da ciência.

Sabemos agora que a tecnologia e a ciência por si sós não foram capazes de resolver nossos problemas. A tecnologia tanto pode ser usada para o bem quanto para a destruição. Só quando aplicada com sabedoria, equilíbrio e justiça ela consegue tornar-se um instrumento para a construção da paz.

Formado em psiquiatria, usei durante muitos anos os métodos científicos para diagnosticar e tratar meus pacientes, rejeitando totalmente qualquer coisa que eu não pudesse medir e quantificar.

A experiência que derrubou meu ceticismo e abriu minha mente ocorreu há vinte anos e, desde então, fiz regredir mais de dois mil pacientes para a vida intra-uterina e para vidas passadas. Estudei métodos alternativos de cura, tive contatos com médiuns, sensitivos e outras pessoas dedicadas a práticas holísticas e alternativas. Descrevi essas experiências em três livros, traduzidos em cerca de trinta línguas.

Considero *A Divina Sabedoria dos Mestres* o ponto mais alto desses vinte anos de estudos e experiências. Ele vai além dos outros livros, fazendo a ligação entre todas as minhas descobertas. Ele explica como usar o conhecimento acumulado para trazer alegria, equilíbrio e harmonia para sua vida, a partir de agora. Ele ensina como livrar-se do medo, das ansiedades, da tristeza, da raiva e de todos os sentimentos e pensamentos que nos prejudicam.

O que há de mais importante neste livro é o amor, não apenas o amor romântico ou o amor pelas coisas materiais. Quando as pessoas vivem intensas experiências espirituais, a energia do amor está sempre presente. É um amor incondicional, absoluto e transcendente. É uma energia atemporal, carregada de sabedoria e compaixão. O amor é a energia mais fundamental, é a essência de nosso ser e do universo. É o amor que une e conecta todas as coisas e pessoas.

O amor é mais do que um objetivo, mais do que um combustível, mais que um ideal. Nós *somos* amor.

O amor é a energia mais poderosa. Num futuro próximo, os

atributos dessa energia serão estudados cientificamente, quantificados, medidos e compreendidos. Outros atributos permanecerão misteriosos, transcendentes e impalpáveis. Para nossa alegria, quando a energia do amor é experimentada profundamente, seus efeitos curativos se manifestam, mesmo quando não compreendemos o processo.

Os físicos sabem que tudo é energia. As bombas nucleares são construídas a partir de técnicas de transformação e liberação de energia. A mesma transformação energética garante a eficácia tanto dos medicamentos à base de ervas quanto dos tradicionais. Os resultados são absolutamente diversos, mas o mecanismo é o mesmo: transformação de energia.

A energia do amor é potencialmente mais poderosa do que a de qualquer bomba, e mais sutil do que a das ervas. O que nos falta é descobrir como utilizar essa energia básica e fundamental. Quando aprendermos, a cura começará a se dar a nível individual e planetário.

Em meus outros livros, descrevi as características de experiências metafísicas: reencarnação, a natureza da alma, o poder de cura, as capacidades mediúnicas e sensitivas, a experiência de quase morte e a fantástica sabedoria dos seres que parecem existir "do outro lado".

Chegou o momento de entender e experimentar a energia que está presente e conecta todas as experiências, fenômenos e seres. Quando conseguirmos isso, nossa vida se expandirá e seremos capazes de remover os obstáculos que nos impedem de atingir a paz interior, a alegria e a felicidade.

Espero e desejo que este livro lhe ensine a reconhecer o amor, a cultivá-lo e a ampliar sua experiência de amor (especialmente o amor a si e nos relacionamentos), manifestando-o e irradiando para os outros. Como conseqüência, você inevitavelmente experimentará mais alegria, saúde e felicidade.

Introdução

Ensinar e aprender

"Nossa missão é aprender, é fazer-nos à semelhança de Deus por meio do conhecimento. Sabemos tão pouco... Pelo conhecimento, nos aproximamos de Deus, e então podemos repousar. Depois, retornamos para ensinar os outros e ajudá-los."

Para você que tem seu primeiro contato comigo, são necessárias algumas palavras de apresentação. Percorri um longo caminho desde minhas primeiras pesquisas científicas, como médico de formação tradicional e professor de psiquiatria em várias faculdades de medicina de prestígio.

Seguindo uma educação acadêmica, me formei pela Universidade de Colúmbia e graduei-me depois, como médico, na Escola de Medicina de Yale, onde fui também o residente-chefe em psiquiatria. Pertenci ao corpo docente de diversas instituições universitárias de medicina e, por onze anos, fui diretor do departamento de psiquiatria do Centro Médico do Mount Sinai de Miami, Flórida. Na época em que conheci Catherine, a paciente cuja história está contada no meu primeiro livro *Muitas Vidas, Muitos Mestres*, já havia publicado mais de quarenta trabalhos científicos e conquistara reconhecimento internacional nas áreas da psicofarmacologia e química do cérebro. Não era de admirar, portanto, que eu fosse completamente cético a respeito de campos *não-científicos*, como a parapsicologia. Não sabia nada sobre o conceito de vidas passadas e reencarnação, nem estava interessado no assunto.

Hoje, duas décadas depois, ainda está bem vívido em minha mente o tremendo choque que sofri quando Catherine começou a recordar o que, inegavelmente, eram momentos de suas vidas passadas. Nos anos que se seguiram, tratei milhares de outros pacientes e os resultados foram notavelmente semelhantes. Ao regredirem, seus sintomas crônicos começavam a diminuir de intensidade ou, freqüentemente, desapareciam. Qual era o mecanismo dessa melhora clínica?

Acredito que haja, pelo menos, duas explicações, embora outros fatores tenham também sua importância. Na minha experiência, a recordação de momentos traumáticos, reprimidos ou esquecidos, e das lembranças dolorosas está constantemente associada à cura. Recordar esses eventos, com as emoções associadas a eles – algo que a terapia chama de catarse –, é a pedra angular da psicanálise e de outras psicoterapias tradicionais. O simples ato de trazer para a consciência essas lembranças enterradas é em si extremamente terapêutico. Minhas descobertas indicam que o campo terapêutico precisa ser ampliado, que não podemos parar a arqueologia psíquica na infância, mesmo a mais remota, e que os padrões das vidas passadas, com sua memória, também precisam ser escavados para que ocorra uma cura completa.

A segunda razão para que essas lembranças promovam melhoras clínicas é que, quando alguém experimenta viver em outros corpos e em outras épocas, ou quando assiste a suas muitas mortes e renascimentos, o que se fixa em sua percepção de vida é a compreensão sólida e convicta de que somos almas eternas, e não corpos individuais. Somos imortais. Nunca morremos, de fato; apenas nos movemos para outros níveis de consciência. E, já que nossos entes amados também são imortais, nunca nos separamos deles, na verdade. Essa constatação sobre nossa essência espiritual tem um extraordinário poder de cura.

Uma forte e importante característica das regressões de Catherine era a sua capacidade de captar e transmitir, sob hipnose, valiosos ensinamentos provenientes de fontes de conhecimento mais elevadas. Esse conhecimento inspirou e mudou a vida de muitos milhares de pessoas, por todo o planeta. Catherine atribuía a fonte dessa sabedoria aos Mestres, almas altamente evoluídas que não tinham corpo físico. Eles lhe transmitiam "revelações sábias e maravilhosas", e ela as passava para mim. Depois de retornar do estado hipnótico, Catherine era capaz de lembrar muitos detalhes sobre existências passadas que ela havia acabado de vivenciar, mas nunca recordava qualquer coisa a respeito de seu contato com os Mestres, já que as mensagens eram transmitidas *através* dela, mas não vinham de suas lembranças.

Em cartas que recebo e em palestras é comum me pedirem insistentemente outras mensagens dos Mestres.

– Você recebeu outras comunicações? Ainda mantém contato com eles? O que mais aprendeu?

Neste novo livro há muito mais material transmitido pelos Mestres e a respeito deles. As mensagens incluídas nos meus livros anteriores que tiveram maior impacto sobre mim são parcialmente reproduzidas aqui, em itálico, no começo ou no interior dos capítulos. Além disso, há novas mensagens e informações que foram transmitidas através de outros pacientes ou que recebi durante minhas sessões de meditação.

Sinto a necessidade de entender mais profundamente o que já foi transmitido, e as experiências descritas neste livro ajudam a explicar e esclarecer as palavras e a sabedoria dos Mestres. Por meio de experiências posteriores com pacientes e voluntários, a partir de minhas viagens e encontros, de cartas de meus leitores, do que escutei de outros médicos e terapeutas, e de inúmeras outras fontes, reuni exemplos, histórias, vivências e muito mais. Para ilustrar e explicar, "*para ensinar os outros e ajudá-los*".

Sem a sabedoria e a inspiração dos Mestres, este livro nunca teria sido escrito, já que essas citações são a base para as idéias e para as práticas apresentadas nesses capítulos.

As citações dos Mestres são como os sinos que os budistas costumam tocar para lembrar a suas mentes errantes que devem retornar ao tempo presente, à consciência. Da mesma forma, as mensagens dos Mestres nos lembram que devemos permitir a nossas mentes que se voltem para o que é importante – amor, paz, vida eterna, pensamentos e práticas espiritualizadas – e deixar de lado o que não é importante – coisas materiais, orgulho e egoísmo, violência, medo, preocupações e ódio.

Como os sinos, as citações nos conduzem de volta à nossa consciência. Toda vez que você encontrar palavras em itálico, leia-as devagar, procurando compreender seu significado.

Meus primeiros três livros trataram de temas como a reencarnação, a terapia de regressão a vidas passadas e a reunião de almas gêmeas. Assim, eu me tornei uma espécie de decano não-oficial da reencarnação. É compreensível que isso tenha acontecido no mundo ocidental, mas meus livros também são bem conhecidos no Oriente, porque lá sou visto como um cientista ocidental que comprovou a validade de crenças ancestrais. Eu aprecio essa ligação com vidas passadas porque acredito que *de fato*, passamos por reencarnações até termos aprendido nossas lições e podermos nos elevar.

Mas, este livro, que reflete o que ensino a meus pacientes e às platéias a que me dirijo, é sobre algo maior do que reencarnação e terapia de regressão. Estas são peças importantes do quebra-cabeça, mas há outras peças também importantes, e precisamos conhecê-las todas – conhecê-las muito bem. Aprendi que existem outros caminhos para o despertar espiritual de uma pessoa, e quero apresentá-los, porque nenhum é mais importante do que os demais. Tudo o que importa é esse despertar espiritual.

Assim, este livro é minha tentativa de lembrar a você da importância do amor e da satisfação, e para ensinar como obter essa qualidade de vida *agora*, em sua existência física. Você irá aprender técnicas para atingir níveis de paz interior e felicidade que podem estar faltando em sua vida presente. Isso tem muito a ver com a natureza da alma, com a imortalidade e com valores. Há muitas sugestões práticas para transformar a sua vida, seus relacionamentos, seu estado de espírito e condição mental, sua saúde física e bem-estar, assim como seu destino. Não é necessário conhecer suas vidas passadas para obter essas mudanças positivas. A chave de tudo é a compreensão. Ao compreender sua verdadeira natureza e o seu objetivo, sua vida estará transformada para sempre, e daí em diante você pode começar a transformar o mundo.

Foi dessa maneira que minha vida se transformou. Vidas passadas são ainda um conceito e um valor significativos para mim, mas compreender e expressar o amor, satisfação e a paz interior no meu dia-a-dia tornou-se ainda mais importante. Sou extremamente grato a Catherine por ter aparecido no meu consultório, naquele dia predestinado, e por ter aberto minha mente para o conceito de vidas passadas, que acabou se tornando a via que me levou ao despertar espiritual. Foi esse despertar que me conduziu ao crescimento espiritual e à compreensão.

Com o passar do tempo, me dei conta de que toda uma filosofia espiritual foi generosamente revelada e entregue a mim. O processo iniciou-se com as mensagens dos Mestres. De uma maneira consistente, e mesmo insistente (já que às vezes posso me mostrar bastante teimoso e desatento), pacientemente, a orientação espiritual foi surgindo como um padrão coerente de verdades, um verdadeiro manual de espiritualidade para todos nós.

Aprendi sobre a vida antes do nascimento, sobre de onde viemos e como escolhemos nossas vidas e as condições em que irão se desenrolar. Pude compreender o papel desempenhado pelo nosso livre-arbítrio nas opções que fazemos, e como o destino flui de modo paralelo à nossa vontade e escolhas, intervindo e interagindo, corrigindo e trazendo-nos, gentilmente ou não, de volta ao nosso objetivo, como um cão pastor faz com suas ovelhas desgarradas, sempre retornando às escolhas que fizemos antes de nascer. Tudo isso contribui para o nosso progresso espiritual.

Aprendi também que carregamos características de nossas vidas anteriores, freqüentemente reforçadas em nossa infância, e a maneira de superar essas características – medo, violência, ódio, ganância, raiva, luxúria, arrogância, egoísmo, preconceitos, desespero e solidão –, de forma que possamos encontrar as qualidades subjacentes do que somos. *Somos* e não possuímos, porque essas qualidades são um componente essencial de nossa verdadeira natureza: amor, esperança, fé, compaixão, paz interior, um senso sagrado de destino e propósito, uma convicção de que tudo está bem e tal como deveria estar em última instância, e de que todos gozamos de uma profunda segurança. Somos seres espirituais e nada pode jamais nos ferir.

Aprendi muito sobre relacionamentos, e como, em nosso estado físico, somos reunidos com pessoas de nossas vidas passadas inúmeras vezes, para aprender e para progredir espiritualmente por meio de nossas interações. A Terra é um campo de provas, um lugar difícil, onde a experiência dói e fere, onde experimentamos emoções. Aprendi a curar a dor de relacionamentos rompidos e tentarei ensinar a vocês o que sei.

Aprendi o que é realmente a morte, o que a morte não é, o que acontece depois da morte, para onde vamos, quem encontramos, como lidamos com a vida que acabamos de deixar, como integramos as lições que aprendemos às reunidas nas inúmeras existências em várias dimensões. De fato, há muitas mansões nesse reino.

Aprendi a respeito de todos os que nos ajudam: nossos guias, guardiões, anjos, Mestres, e a hierarquia de espíritos que nos auxiliam no outro lado até alcançarmos Deus.

E aprendi que, nos níveis mais elevados, difíceis de serem descritos em palavras, todos nos tornamos *um*, todas as almas, espíritos, guias e Mestres. Uma única consciência, uma única percepção, uma única energia, um único amor.

Este livro vai descrever, até onde minhas palavras puderem, esta sabedoria espiritual, nossa jornada desde antes do nascimento até a morte e depois dela. O que pode nos ajudar e o que pode nos atrapalhar. O que pode nos abrir portas e o que pode fechá-las. O que eu tenho aprendido em meus reencontros com os Mestres.

Acredito que o maior objetivo de nossas vidas é atingir o conhecimento íntimo de que somos almas imortais, trazidas a esta grande escola chamada Terra para aprender lições sobre amor, compaixão, paciência, equilíbrio e harmonia, não-violência, fé e esperança, relações amorosas e assim por diante. O aprendizado destas lições é a única esperança para a humanidade. Só assim seremos capazes de trazer o paraíso para a Terra, ter um pé aqui e outro nos céus, simultaneamente.

Não posso lhe dizer que o aprendizado na Terra é fácil. Tornar-se iluminado e feliz requer um trabalho árduo. Sempre achei simplista demais afirmar que existem exatamente cinco passos – ou sete passos – ou qualquer número definido de lições ou de passos para alcançar a sabedoria, a paz interior e o desenvolvimento espiritual. A compreensão plena é um processo contínuo e gradual, uma corrente, um fluxo que não se interrompe mesmo com a morte do corpo físico.

O que posso dizer é que, se você ler este livro com cuidado, com a mente aberta e com generosidade em seu coração, estará caminhando na direção da verdade e do amor. Cada passo que você der será sagrado. E é a sua direção, não o número de passos ou o seu destino, que é importante.

É fundamental empreender essa jornada com a parte lógica e racional de sua mente. Aceitar tudo sem reflexão, sem um exame meticuloso e ponderado seria tão tolo quanto rejeitar tudo sem maiores justificativas. A ciência é a arte de observar cuidadosamente com um olhar imparcial e desprovido de preconceitos. Tentei fazer isso. Encontrei algumas pessoas extremamente talentosas – médicos, médiuns, pessoas com o dom da cura –, encontrei muitas outras que possuíam talento e habilidade limitados, e outras ainda que eram apenas oportunistas. Levei muitos anos aprendendo e aplicando o método científico e sei que minha mente cética está sempre em estado de alerta, passando todas as minhas experiências pelo filtro científico. Mas tenho tido também o cuidado de não descartar nada sem um atento exame prévio. Uma determinada pessoa ou experiência pode causar decepção, mas a próxima pode ser verdadeiramente extraordinária e não deve ser desconsiderada por causa de acontecimentos anteriores.

Escrevi este livro para compartilhar um pouco o que me foi dado. Refleti muito sobre a importância de escrever um novo livro. Afinal, já escrevi três onde há muito material para ser digerido. Além do mais, livros de orientação espiritual parecem estar pipocando por toda parte, atualmente. O que um novo livro poderia acrescentar?

Pensei então que ensinar é um processo bastante individual, variando de acordo com o estilo, ritmo, preferências e experiências pessoais, valores, crenças, poder de comunicação. Outras pessoas, por meio de livros, seminários ou do exemplo que dão, podem lhe transmitir coisas similares, mas, talvez, de uma forma diferente. Mesmo considerando que exista uma só verdade, há muitas abordagens e caminhos que levam a essa verdade. Isso não significa que um determinado professor seja melhor do que os demais, ou que os métodos ou filosofia desse professor sejam superiores aos dos outros. São apenas diferentes. O que funciona para você estará perfeito, e o que não funciona para você poderá funcionar para alguma outra pessoa. Todos nos dirigimos para o mesmo lugar.

Ofereço este livro com a mesma esperança com que apresentei os anteriores. O que eu disse no final de *Muitas Vidas, Muitos Mestres* permanece tão verdadeiro e apropriado, hoje, quanto o era na ocasião:

"Espero que o que você leu aqui lhe traga ajuda, que o seu medo da morte tenha diminuído e que as mensagens que lhe foram oferecidas sobre o verdadeiro significado da vida sirvam de libertação para que você possa viver da maneira mais plena possível, buscando a harmonia e a paz interior e aproximando-se com amor de seus irmãos humanos."

Nossas crenças podem ser alteradas pelo poder e efeito direto da experiência pessoal. Você é capaz de começar a entender alguma coisa quando experimenta a essência dessa coisa. Sua crença, então, se transforma em conhecimento.

Não é suficiente limitar-se a ler sobre os conceitos introduzidos aqui ou basear-se apenas em experiências alheias – que estarão apresentadas como exemplos ou para ilustrar alguns conceitos. Ao longo deste livro, você encontrará idéias e sugestões para aprimorar as suas experiências pessoais, ajudando-o a transformar-se.

Por muitos anos, venho aconselhando os meus pacientes a manterem um diário de seus sonhos, anotando o que lembrarem assim que acordem. Com um pouco de prática, a possibilidade de reter os sonhos na memória aumenta bastante. E quanto mais detalhes são lembrados e registrados, mais fácil e precisa se torna a sua análise. O mesmo vale para a meditação e para a visualização. Ao praticar esses exercícios, procure anotar sensações, observações e experiências. Da mesma forma que com os sonhos, quanto mais você registrar, mais fácil se tornará lembrar e elaborar os detalhes das suas experiências.

A prática dessas técnicas tem sido difícil para mim, e por isso posso dizer, a partir da minha própria experiência, que você não deve se frustrar se os avanços parecerem demasiadamente lentos. Eu mesmo às vezes fico com preguiça e passo semanas sem meditar, até que acabo retomando. Ainda sou tragado pelas rotinas e tumulto da vida, e desviado do meu caminho por orgulho, inveja ou insegurança. Somos todos humanos, e a vida é dura. A frustração torna-se uma reação comum, normal. Não somos seres pacientes.

A direção é o que importa, não a velocidade. Se você está se tornando uma pessoa mais amorosa, menos passional e violenta, encontra-se na direção certa. Assim como eu, você pode ser perturbado, tomar trilhas erradas e mesmo se perder. Mas encontrará o caminho de volta. Pode parecer que esteja dando dois passos à frente e um para trás, mas é assim mesmo. É isso o que acontece quando estamos na forma humana. A iluminação é um processo lento e árduo, que requer disciplina e dedicação. É mais do que natural que queiramos parar de vez em quando. Isso não significa que estejamos regredindo; estamos consolidando, descansando.

O progresso não é linear. Podemos ter avançado muito no que diz respeito à caridade e à compaixão, mas sermos principiantes em relação à raiva e à paciência. É importante não se exigir demais. Se não ficarmos nos julgando nem permitirmos que outros nos julguem, não nos sentiremos frustrados.

Já sofri muitos recuos, depois recuperei minha consciência e retomei minha caminhada. Com você deve acontecer o mesmo. Espero que este livro o ajude a sofrer menos recuos e a facilitar sua recuperação, para seguir em frente. E sei que, com suas cartas e com o retorno que irá me dar, você também me ajudará a avançar.

Estamos todos no mesmo barco e há tempestades assustadoras se anunciando no horizonte. A violência e a falta de visão parecem dominar o mundo. Precisamos navegar em harmonia, rejeitar o ódio, a raiva, o medo e o orgulho. Precisamos ter a coragem necessária para fazer o que é certo. Precisamos amar e respeitar os outros, para enxergar e apreciar a beleza inata e a dignidade de todo ser humano. Porque somos almas, todos feitos da mesma substância.

Apenas unindo nossos esforços, agindo como uma tripulação, é que podemos evitar as tempestades e encontrar o caminho para casa.

Capítulo 1

O ciclo da vida

"Passamos por tantos outros estágios, quando estamos aqui. Deixamos um corpo de bebê, passamos para o de criança, daí para o do adulto, até envelhecermos. Por que não poderíamos dar mais um passo, abandonando o corpo adulto, para atingir um plano espiritual? É o que fazemos. Nunca paramos de crescer; estamos sempre crescendo. Quando alcançamos o plano espiritual, continuamos nos desenvolvendo. Passamos por estágios diferentes de desenvolvimento. Ao chegarmos, estamos exauridos. Precisamos passar por um estágio de renovação, de aprendizado, e por um estágio de decisão. Decidimos quando, onde e por que motivo queremos voltar. Há quem prefira não voltar. Preferem seguir para um outro estágio de desenvolvimento. E continuam na forma espiritual... alguns por mais tempo do que outros, antes de retornarem. Tudo é crescimento e aprendizado... contínuo crescimento. Nosso corpo é apenas um veículo que nos serve enquanto estamos aqui. É a nossa alma e o nosso espírito que vivem para sempre."

Nossas vidas não resultam de acontecimentos e ações aleatórias. O período de cada vida é cuidadosa e sabiamente planejado para nos dar uma oportunidade de aprendizagem e evolução.

Escolhemos nossos pais, que são geralmente almas com que interagimos em nossas vidas anteriores. Aprendemos na infância, na juventude e na idade adulta, evoluindo espiritualmente em paralelo com nossa evolução física. Depois que nossa alma deixa o corpo, no momento da morte física, a aprendizagem continua em planos mais elevados de consciência. Revemos a vida que acabamos de deixar, aprendemos nossas lições, planejamos nossa próxima vida. A aprendizagem é permanente e não termina com a morte do corpo.

Passamos por vários níveis de consciência quando nossa alma deixa o corpo físico no momento da morte. Um dos níveis importantes é o da aprendizagem, onde revemos nossa vida. Revivemos cada encontro, cada relacionamento. Sentimos as emoções das pessoas que ajudamos e das que ferimos, das que amamos ou odiamos, das que atingimos positiva ou negativamente. Sentimos suas emoções muito profundamente, porque este é um meio poderoso de aprendizagem, uma espécie de retorno instantâneo de tudo o que fizemos enquanto estávamos em nosso corpo físico. Aprendemos sobretudo através dos relacionamentos.

O conceito de reencarnação explica e esclarece os relacionamentos na vida presente. Constantemente, o que aconteceu no passado distante continua influenciando os relacionamentos de hoje. Tomar consciência das causas dos problemas, enraizadas em vidas anteriores, pode curar o relacionamento presente. Essa tomada de consciência e um aprofundamento da compreensão das coisas são poderosas forças de cura.

Quero apresentar um exemplo de regressão, já neste ponto do livro, porque ele explica o processo que utilizo, incluindo as técnicas e a interpretação. Até agora, este material permaneceu inédito, apesar da riqueza da experiência. Decidi fazer uma descrição detalhada dessa sessão para que você a vivencie como se tivesse estado presente.

Certa vez me pediram para demonstrar a regressão a vidas passadas em um programa de grande audiência na televisão americana. Uma repórter da rede de tevê, interessada no meu trabalho, ofereceu-se como voluntária. Nessa regressão, usei a técnica conhecida como Relaxamento Progressivo, uma imersão suave e gradual no estado de hipnose. A hipnose em si é apenas uma maneira de focalizar a concentração e de relaxamento, estimulando as funções da memória. Já falei muitas vezes, mas nunca é demais repetir: a hipnose é um processo muito simples, que não envolve nenhum risco.

A sessão foi impressionante, vívida e intensa. A repórter demonstrou capacidade de vivenciar tanto sua infância quanto o período pré-natal e existências passadas, com resultados muito benéficos para sua vida e seus relacionamentos.

Era um dia quente e úmido de maio, na cidade de Nova York. A luz ofuscante e o calor emanando das poderosas luzes instaladas para a gravação da tevê só faziam aumentar o abafamento.

Apesar de ter pedido um lugar calmo e silencioso, os produtores escolheram um apartamento no Centro, sem refrigeração e sufocante. Se abríamos as janelas para deixar entrar alguma brisa, havia a invasão de uma torrente de ruídos. Nessas condições tão adversas, somadas à tensão provocada pelas câmeras, comecei a pensar que as chances de ocorrer uma regressão bem-sucedida eram bastante reduzidas.

Finalmente, Andrea, a repórter, chegou. Parecia menos afetada pelo calor e pelo barulho das buzinas do que pelas fortes cólicas menstruais que castigavam seu corpo. Antes de começar a gravação, reservei alguns minutos para nos conhecermos e para conversarmos sobre o processo de hipnose.

Os microfones foram ativados e três câmeras estavam prontas para gravar. Iniciamos a indução hipnótica e Andrea rapidamente entrou num profundo transe. Mais tarde, ela me contou que, logo, as cólicas desapareceram.

No começo, ela apenas me ouvia, enquanto eu, suavemente, lhe passava instruções:

– Vamos bem devagar. Quero que você fique muito à vontade. Feche os olhos. Basta seguir minhas instruções. Está tudo bem com você?

Andrea assentiu com a cabeça. Estava começando a relaxar.

– Muito bom. Há métodos mais rápidos, mas quero que você relaxe primeiro. Seus olhos vão ficar fechados durante toda a sessão. Primeiro, concentre-se em sua respiração. Agora, use a sua imaginação. Imagine que você pode de fato jogar fora, junto com o ar que sai, todas as tensões e o estresse que estão em seu corpo, e que pode inspirar uma energia belíssima, que está em torno de você. Isso vai ajudá-la a ir cada vez mais fundo. A cada respiração você irá mais fundo.

Fiz uma pausa, deixando que ela respirasse profundamente algumas vezes.

Prossegui fazendo-a relaxar, orientando-a para soltar cada músculo do corpo. Sua respiração foi se tornando cada vez mais lenta. Pude perceber que ela havia mergulhado num transe profundo. Eu escutava os operadores movendo-se agilmente para fazer as tomadas, focalizando as pesadas câmeras em diferentes ângulos, enquanto a cabeça de Andrea ia pendendo devagar, absolutamente relaxada.

Aqueles que já ouviram minhas fitas ou CDs de meditação e os que já participaram dos *workshops* conhecem o processo. Quando senti Andrea relaxada, fiz com que ela visualizasse uma luz portadora de um extraordinário poder espiritual de cura. Na visualização, a luz entra pelo alto da cabeça e flui por todo o corpo, inundando as células, tecidos e órgãos, e depois envolvendo toda a pessoa, como um casulo.

Contei então de dez a um, levando Andrea a aprofundar ainda mais seu transe hipnótico. Conduzi-a, através da visualização, por uma escada que, descendo, chega a um jardim cheio de paz, segurança e amor. Propus então que ela começasse a voltar no tempo e descrevesse o que lhe viesse à mente.

A cabeça de Andrea pendia para a frente. Ela estava num nível tão profundo, que nenhuma outra técnica tornava-se necessária. Decidi iniciar a viagem de volta no tempo, contando de cinco a um, pedindo-lhe que descrevesse uma lembrança de infância.

Andrea começou:

– É inverno. Papai e eu estamos passeando pela vizinhança. Ele sempre me levava para esses passeios, no inverno. Estamos com o nosso cachorro, o vento está forte, cai neve, e eu adoro isso, porque é uma hora só minha com o papai, porque nenhum dos meus irmãos foi chamado. Faz muito frio, e meu pai está usando aquele lindo casaco que ele sempre veste.

A voz de Andrea tornara-se infantil. O tom impostado da profissional, repórter de televisão, havia desaparecido.

– Nós andamos, e chutamos a neve para cima. É noite e não há nenhum carro por perto. Nós vamos andando no meio da rua. É como se o mundo inteiro tivesse parado e só existíssemos eu e o meu pai.

Um sorriso radiante iluminou seu rosto.

– Quando chegarmos em casa, mamãe deve ter preparado um chocolate quente para nós.

– Parece ser uma época muito feliz. Você está com o seu pai e o seu cachorro, em completa paz. – Observei algumas lágrimas nos cantos dos olhos dela. – Existe alguma tristeza nessa lembrança?

Andrea fez que não com a cabeça.

– Somente alegria?

Ela sorriu ao responder, suavemente:

– É que me dá vontade de ser criança outra vez.

– Muito bem, neste momento, você pode realizar seu desejo. Vivencie isso. Você está bem ali, na neve. Você pode até mesmo, se quiser, escutar o barulho da neve sob seus pés e ver o seu cachorro brincando na neve.

Eu queria que Andrea vivenciasse plenamente essa bonita lembrança de infância, usando todos os seus sentidos e emoções.

O zumbido das câmeras começou a desviar minha atenção. Decidi abreviar a experiência e tentar alcançar níveis ainda mais profundos. Devido ao tempo limitado de gravação, eu precisava dirigir mais a sessão, fazendo conexões e interpretações de maneira diferente da que emprego com os pacientes em meu consultório. Também estava preocupado com o fato de haver outras pessoas presentes que não deveriam ter acesso a informações de caráter particular. Assim, deixei que Andrea vivenciasse algumas lembranças em silêncio. Além do mais, tratava-se de uma demonstração e não de uma sessão de terapia.

– É muito bonita a lembrança que você viveu agora. Gostaria que você retivesse o amor e o carinho que existem entre você e o seu pai, você e sua mãe. São lembranças maravilhosas de amor, de pureza, de afeto. Depois que você despertar, vai se lembrar disso tudo e guardar essa lembrança com cuidado: a bondade, a felicidade e a alegria. A vida é para ser assim. Há tantas oportunidades de amar, de usufruir da afeição. Tudo pode ser muito simples: um passeio com o seu pai numa noite de inverno, a companhia do seu cachorro e o chocolate quente tão amorosamente preparado por sua mãe. Nada que o dinheiro possa comprar. Você vai recordar tudo isso quando despertar. Está pronta para ir mais longe, agora?

– Estou – ela respondeu sem hesitação. Eu a fiz flutuar sobre a lembrança de infância e orientei-a para voltar mais atrás no tempo, para antes do seu nascimento, quando ainda estava no útero de sua mãe. Contei novamente de cinco até um, pedindo-lhe que deixasse vir a lembrança à consciência, sem julgar nem criticar, apenas vivenciando.

Andrea respondeu com um ligeiro sorriso, e percebi que ela conseguira transpor uma grande quantidade de anos, emergindo no exato começo de sua vida.

– Mamãe está feliz – ela disse, com simplicidade. E seu sorriso continuou luminoso.

– Pode sentir a felicidade dela?

Ela assentiu com a cabeça.

– Muito bom. Então, você é de fato desejada. Isso é importante. O que mais? Do que mais você está tomando consciência? Como se sente?

– Não sei direito...

– Alguma outra impressão ou sensação?

– Minha mãe está com um corte de cabelo muito engraçado.

– Então, você pode enxergar isso. Descreva o cabelo dela. Por que é engraçado?

– Parece que ela pegou uma navalha e cortou o cabelo, ela mesma. Está um bocado curto. Meu pai gosta. Ele é muito bonito – acrescentou.

Ela também tinha consciência dos sentimentos do seu pai.

– Então, você também pode vê-lo. Estou contente que você perceba que é desejada. Eles estão felizes. É um bom lar para vir ao mundo.

– Eles estão felicíssimos.

Andrea se sentia contente de estar ali, experimentando de novo aquelas sensações maravilhosas. Ela não se importava com o tempo que estávamos gastando, nem com as câmeras gravando a cena.

– Muito bom. Então, vamos vivenciar o seu nascimento, enquanto eu conto até três, sem nenhuma dor ou desconforto. Apenas observe tudo a respeito do seu nascimento. Um, dois, três. Agora, nasça! Tudo o que vier à sua mente, deixe fluir. Como é a sua experiência?

Andrea ficou em silêncio por dez ou quinze segundos. Finalmente, respondeu:

– Lugares escuros.

Eu não sabia onde ela estava, não sabia o que eram esses lugares escuros.

– Como você está se sentindo?

– É como... não acabou ainda – ela explicou.

Agora, eu entendia.

– Ah, você ainda não saiu por completo. Mas, vamos, venha. Sem dor nem desconforto. Você vai nascer agora!

– Minha mãe não tomou anestesia. Eu nasci rosada e chorando. Minha mãe está muito bem.

– Ela não quis tomar anestesia?

– Ela recusou. Ela não queria que nada me afetasse. – Andrea começou a rir muito alto. – Todo mundo está contente. Está muito azul lá fora. É um dia de sol.

Andrea continuou descrevendo, com a maior precisão, detalhes dos acontecimentos, personagens e cenários que cercaram seu nascimento. A alegria e o carinho da acolhida dos pais ocupavam um lugar predominante em suas lembranças.

– Tome consciência do amor com que foi desejada e recebida. É o que há de mais importante na vida de qualquer pessoa, e você foi privilegiada nesse sentido. Agora, veja as conexões que existem aí e permaneça algum tempo assim, porque é um lugar muito bom para se ficar, com recordações felizes. Você tem sido capaz de receber esse amor que existia antes de você nascer, porque tinha consciência, mesmo antes de vir ao mundo, do amor que a esperava, da felicidade da sua mãe, da alegria do seu pai. Você pode enxergar todas as conexões que têm estado presentes em sua vida, você é capaz de reproduzir esse amor e não apenas de recebê-lo. Você tem sido capaz de dar amor a quem você amou.

Imersa nesses pensamentos, Andrea sorria novamente.

– Isso não foi apenas sorte, você fez por merecer, você mereceu esse amor, e não existe nada tão importante quanto o amor. Agora, estamos prontos para recuar ainda mais no tempo. Tudo bem?

Ela concordou e eu a fiz flutuar acima da cena do nascimento, que foi se apagando aos poucos. Depois, pedi para imaginar uma porta que, ao abrir-se, a conduzisse para suas vidas passadas, a fim de compreender as situações de sua vida atual. Ao contar de cinco a um, Andrea entrou em transe profundo e começou a ver uma luz.

– Você pode ver a luz? Então, atravesse a porta. Há um cenário do outro lado. Pode ser de um tempo antigo. Pode ser uma vida passada. Entre nesse cenário, penetre nele. Atravesse a porta e essa luz, enquanto eu estiver contando. Cinco, a porta se abre. Ela atrai você, está puxando você. Há alguma coisa para você aprender do outro lado dessa porta. Quatro, você dá um passo, atravessando a porta e para dentro dessa luz. Três, movendo-se através da luz, você toma consciência do cenário, da pessoa ou da figura que está do outro lado. Deixe que ela se torne bem nítida, agora, enquanto continuo a contar. Dois, está se tornando mais nítida, você pode lembrar tudo. Um, você está lá! Olhe para os seus pés e veja que espécie de calçado está usando, se são sapatos, sandálias, botas ou algo feito de pele. Talvez esteja descalça. Olhe para as suas roupas, preste atenção a todos os detalhes. Sinta as texturas, porque, além de ver, você pode sentir também. Pode usar todos os seus sentidos.

– Estou usando botas masculinas, mas não sou um homem. Sou uma menina. Estou usando botas de menino porque não podemos comprar outras. Sinto vergonha.

– E o resto de suas roupas?

– Estou com uma saia que vai até o chão. É vermelha-escura, com um avental ou um bordado na frente. É como se fosse uma outra peça de roupa. E estou usando um tipo de touca.

Os olhos de Andrea se mexiam por baixo das pálpebras, enquanto ela examinava suas roupas.

– Sim, uma touca. E quantos anos você tem mais ou menos?

– Nove ou dez.

– Certo. Há outras pessoas à sua volta? Alguém que você possa notar? A casa... é uma casa?

Eu desejava extrair mais alguns detalhes da época.

– Uma cabana bem primitiva. Moramos numa pradaria, em algum lugar. Mas não vejo nenhuma outra casa por perto. Existe apenas a minha casa. Tenho um irmão mais velho e as botas são dele. Eu as uso, agora. É algum lugar na pradaria. Fica a oeste, mas não na região das Rochosas. Estamos na planície. Somos fazendeiros.

Andrea estava recordando uma existência anterior nas planícies do Meio-Oeste americano.

– Muito bom. Agora, tome consciência dos seus pais, também, e não apenas do seu irmão. Vou contar até três, e você verá toda a família. Um, dois, três. Permita-se tomar consciência da família inteira, agora.

– Estão todos parados, em frente da casa, como se alguém estivesse tirando o retrato deles.

– Muito bom. Então, pode vê-los agora.

– É, são minha mãe e meu pai. Os mesmos de agora. Os mesmos olhos.

Normalmente, reencarnamos com outros relacionamentos, mas, nessa existência nas planícies, os pais de Andrea aparentemente eram os mesmos de sua vida atual.

– Às vezes, acontece. Nós nos reencontramos várias vezes com nossos entes queridos. Você pode ver seu irmão?

– Tenho somente um irmão. É um irmão menor. Mas não consigo vê-lo. Acho que não o conheço.

– Você não o reconhece?

– Não posso nem mesmo ver o seu rosto – ela explicou.

– E as botas que você está usando são dele?

– Não, são do meu irmão mais velho, mas ele não está aqui.

– Ele está bem? – indaguei. Podia perceber que havia algum problema.

– Acho que não. Ninguém fala nada a respeito.

Resolvi que deveria ir mais a fundo nesse ponto.

– Vamos descobrir o que aconteceu com ele. Vou tocar em sua testa e contar de trás para frente, de três até um, para descobrir o que houve com o seu irmão mais velho. Três, dois, um. Agora, você já pode lembrar-se.

Esse tipo de toque, uma batidinha na testa, ajuda a aprofundar ainda mais o nível hipnótico do paciente, estimulando a memória, trazendo as lembranças.

– Ele foi baleado – ela recordou de repente.

– Baleado?

– Estou tão triste... – ela começou a soluçar, todo o seu corpo tomado por estremecimentos.

– Tudo bem... Você está bem... Vamos voltar até antes dele ter sido baleado, para que você o veja. Vamos encontrá-lo. Você pode lembrar. Está tudo bem. Isso tudo aconteceu há muito, muito tempo. Quando eu contar até três, retorne no tempo, para antes dele ter sido baleado, e então você poderá lembrar-se dele. Volte no tempo... um, para antes dele ter sido baleado... dois, seu irmão mais velho... três, agora, você pode lembrar.

– Meu Deus! É o John, meu irmão, John!

Andrea descobriu que seu irmão mais velho nessa existência passada retornou na vida atual também como seu irmão, John.

Ela ainda estava muito triste, mas agora eu podia ajudá-la a curar sua dor.

– Agora, você sabe. E está tudo bem, porque ele retornou como seu irmão outra vez. Você não precisa mais ficar triste. Você pode perceber as conexões e ver que ele está bem. Ele está bem. Mas você sentia muitas saudades dele, *naquela época*, e isso explica muita coisa sobre a sua relação atual com o seu irmão John.

Na verdade, eu não sabia nada sobre o relacionamento de Andrea com o irmão. Mas, diante da intensa reação emocional que ela manifestou quanto à morte dele na existência passada, presumi que padrões remanescentes e seus efeitos deviam ter emergido no seu relacionamento.

– Ele é um jornalista, como eu.

– Você tem medo de perdê-lo?

– Ele era um bebê doente.

– Como assim?

– Ele nasceu prematuro. Depois de mim. – Parecia que Andrea ia recomeçar a chorar.

Decidi que devia prosseguir explorando aquela sua existência.

– Vamos seguir em frente com a vida dessa menina. Estamos logo depois de o irmão dela ter sido baleado. Vamos para algum outro evento importante na vida dela. Ela está mais crescida, agora, depois do que aconteceu com o irmão.

A face dela imediatamente se abriu em um sorriso.

– Agora, sei atirar com armas – ela proclamou orgulhosa. O aspecto de Andrea havia mudado completamente. – Sou muito boa em tiro ao alvo. Atiro melhor do que os outros garotos. E tenho diversos pares de calçados.

– Agora, usa calçados que são seus?

– E todos os garotos dão em cima de mim, porque me acham atraente e me admiram.

– Você não está mais sozinha, então?

– Não... há outras casas. Não muitas, mas há também uma estrada e pessoas por perto. Sou mais velha agora e é divertido.

– Você pode se ver? Qual é a sua aparência? Você devia ser muito bonita, para atrair a atenção de todos esses garotos.

– Cabelos castanhos, caindo em cachos um pouco abaixo dos meus ombros. Tenho uma fita azul nos cabelos e visto uma saia com um desenho estampado, uma blusa branca. Mas, não, eu sinto como... meu irmão não está lá, então eu aprendi a... eu queria... como se fosse pressionada... a ser como um dos garotos.

– Mais ou menos para ocupar o lugar dele?

– Eu só queria ser capaz de tomar conta de mim mesma.

– Sim, e você conseguiu isso. Você aprendeu a atirar, a lidar com armas, faz tudo tão bem ou melhor do que os garotos. E quanto a esses namoros? Existe alguém que seja especial ou...

– Eu não gosto muito de nenhum deles – ela me contou.

– Entendo. Vamos nos mover adiante no tempo outra vez. Vou contar até três. Vá para o próximo evento importante nessa existência. Um, dois, três. Você está lá. Você é um pouco mais velha agora. O que está acontecendo?

– Ela tem a sua própria casa. Eu a estou vendo.

Andrea havia mudado para a posição de observadora.

– Muito bom. Você pode observá-la ou pode entrar dentro dela, como quiser.

– Ela vive sozinha.

– Ela não se casou?

– Nunca encontrou ninguém. Sempre achou que era boa demais para qualquer daqueles garotos. Mas ela não se sente solitária. Possui uma espécie de rancho e tem gente trabalhando para ela. Gostam dela. Ela é uma boa pessoa...

Andrea falava lentamente, enquanto observava a cena. Comecei a conduzi-la à frente no tempo.

– Bem, então ela é uma pessoa muito, muito competente. Ela construiu seu próprio rancho, tem empregados, é uma pessoa capaz de se cuidar. Era uma coisa difícil para mulheres, naquele tempo. Deve ser uma pessoa muito forte. Vamos para o final da vida dela agora, para o seu último dia de vida, os últimos momentos. Se for uma experiência dolorosa, você pode flutuar acima da cena, mas, se não, fique com ela. Um, dois, três. Você está lá. Veja o que está acontecendo e quem está por perto.

Andrea parecia muito serena:

– Nada excitante. Ela está em completa paz. Tem bastante idade. Não há ninguém com ela. Mas parece bem. Teve uma vida muito boa, não está doente. Está sentada na varanda, quieta, olhando a paisagem.

– É ali que ela morre.

– Acho que sim.

– Agora, flutue acima da cena. Deixe seu antigo corpo. Você irá se sentir livre, absolutamente leve, quando o seu espírito flutuar acima de tudo isso. Talvez possa olhar para baixo, enxergar o corpo dela. E então, sentindo-se livre, poderá rever essa vida, as lições que ela aprendeu, que você aprendeu. O que você aprendeu? O que ela aprendeu?

– Ela aprendeu a não ter medo de ficar sozinha. Aprendeu a tomar conta de si mesma.

Andrea respondeu de uma perspectiva mais elevada.

– A ser independente! – eu ressaltei.

– Muito independente. Ela gostava de fato de viver assim. As pessoas debochavam dela porque nunca se casou nem teve filhos. Mas ela nunca pareceu se importar com isso. As pessoas da comunidade, então, passaram a gostar dela... As pessoas gostavam de trabalhar para ela. E ela possuía muito gado.

– Agora, nesse estado de flutuação, veja se consegue tomar consciência do que vem a seguir. Você deixou aquele corpo, está flutuando. O que acontece depois? O que vem à sua mente?

– Estou subindo. Ela vai ficando menor. Estou apenas flutuando. Estou numa luz muito azul, apenas flutuando.

– Muito bom. Você está se sentindo bem, não há mais enfermidades, nem velhice, está apenas flutuando. Sua consciência continua ativa. O que acontece depois?

– Estou vendo apenas raios de uma luz azul, estão passando por cima, à esquerda da minha cabeça, mas é um grande cone de luz azul e não posso enxergar nada além do cone...

Novamente, seguiu-se um longo período de silêncio.

– Mais alguma coisa? – perguntei, finalmente, querendo descobrir algo mais sobre o cone de luz azul.

– Não...

– Certo. Está pronta para voltar agora?

Andrea assentiu com a cabeça.

– Ótimo. Mas, antes, faça as conexões entre a vida daquela pessoa, a independência dela e a sua própria vida.

Andrea estava aprendendo algumas lições importantes. Ela refletiu em silêncio sobre a informação nova que havia recebido e então sorriu. Um sorriso aberto:

– Gosto *muito* dela!

– Isso é bom. Você guardou muito da força dela, trouxe isso com você. E também já sabe que o seu irmão retornou. Assim, a morte não é o que parece. As pessoas voltam.

– Eu sentia muito a falta dele.

– Eu sei... E, mesmo assim, ela amadureceu forte e independente. Os relacionamentos são muito importantes e a independência também, quando são coisas equilibradas. E seu irmão está de volta! E, dessa vez, mesmo com os pequenos problemas de saúde da infância, ele continua vivo. Assim, vocês puderam se reunir. É dessa forma que as almas e o amor funcionam. Sempre nos reunimos. Deixe de lado a tristeza e o medo de sofrer uma perda com a morte de alguém querido. Nós sempre voltamos a nos reunir, muitas vezes. Lembre-se do amor e do orgulho do seu pai, do amor de sua mãe, retornando a esta vida para junto de você, lembre-se que os reconheceu naquela existência passada. Todo esse amor que você trouxe para esta vida, em que você conseguiu desenvolver seus relacionamentos, sua independência, sua força e seu amor. Você conseguiu equilibrar todas essas coisas. Assim, sentindo a força daquela mulher, a independência dela e a sua capacidade de desenvolver relacionamentos saudáveis, traga todos esses pensamentos positivos e esses sentimentos de volta com você.

Nesse ponto, depois de refletir sobre todas essas informações e de fixar todas essas emoções, Andrea parecia cansada. Decidi despertá-la. Ela já havia aprendido o bastante por um dia.

– Daqui a pouco, eu vou despertar você, fazendo uma leve pressão na sua testa, entre as suas sobrancelhas. Quando eu fizer essa pressão, você poderá abrir os olhos e estará acordada. Estará totalmente desperta e com total controle sobre a sua mente e o seu corpo, sentindo-se maravilhosa, poderosa, como se uma carga houvesse sido retirada dos seus ombros, porque a tristeza de perder o seu irmão, naquela existência, terá ido embora. Você sabe que ele retornou. Irá sentir-se em paz, relaxada, e ainda assim em pleno controle. Quando eu pressionar a sua testa, você despertará completamente.

Pressionei a testa de Andrea e ela começou a despertar.

– Não se apresse, espere até ter retornado completamente. Você foi muito bem. Como se sente?

– Exausta.

– Exausta – eu repeti, empaticamente. Eu me dei conta de que também estava cansado. Havia sido um enorme esforço de concentração. – É uma experiência muito intensa. Trabalho duro! Mas foi o que você esperava?

– Eu não sabia o que podia esperar. Nunca pensei que fosse ver o meu irmão, achei que veria minha filha, mas ela não estava lá. Depois, senti como se estivesse sendo empurrada para um outro momento no tempo, uma vida diferente, mas que eu não conseguia alcançar. Eu podia ver onde era, mas não conseguia alcançar.

– Você sabe em que época era?

– Não, alguma coisa antes da existência nas pradarias. Era como se tivesse essa corrente de luz azul, mas era somente um cone e eu cheguei ao final dele... Era parecido com o primeiro, estava por toda a minha volta e de repente eu vi pés. Esses eram... Eu podia ver o limite da luz, dava para ver onde terminava. Era escuro do lado de fora. Foi como se alguém tivesse me coberto com aquele cone.

Aparentemente, Andrea tivera uma rápida visão de uma outra existência passada, talvez uma vida que tivesse compartilhado com sua filha, mas não conseguiu ultrapassar a luz azul brilhante.

– É só para você saber que existe essa outra dimensão, mas que não é para conhecê-la agora. Tudo bem. Essa outra vida está lá e tenho certeza de que você já teve conexões com sua filha. Mas você encontrou o seu irmão e não o que esperava encontrar. Essa é uma das características desse processo. Nem sempre encontramos o que esperávamos. Foi uma surpresa. Mas, aparentemente, havia também alguma tristeza.

Andrea imediatamente concordou.

– Foi, sim, uma enorme surpresa, porque hoje eu tenho uma vida muito feliz. Meu irmão e eu somos muito próximos, mas, de todos os irmãos, ele foi o único que adoeceu logo depois de nascer. Não esperava vê-lo...

– E a intensidade da emoção é muito poderosa, porque está tudo ali, diante de você, e é real. Você pode *sentir* a tristeza da separação. Mas, nesta vida, aos sete, oito anos, você sentiu a emoção positiva do passeio com o seu pai, que foi...

– Uma lembrança muito feliz! Eu podia sentir o vento na minha face. Podia ver tudo, cada curva, os postes de iluminação... E eu tinha esquecido tudo isso.

Ela estava maravilhada e seus olhos brilhavam, ao recordar mais uma vez aquela cena de infância.

– Acredito que podemos lembrar tudo o que já vivemos. Não apenas as emoções, mas também as sensações físicas.

– Fico muito grata.

– Eu é que agradeço. Foi muito, muito interessante. E houve detalhes que você vivenciou sobre os quais não lhe perguntei. Podemos conversar mais a respeito, mas acho que você já teve muitas experiências para uma primeira vez. E tudo muito nítido.

– Há alguma regra para a primeira vez? – Andrea perguntou, reassumindo o seu papel de repórter,

– Algo em torno de 50% das pessoas têm algum tipo de lembrança. Mas as suas eram tão vívidas e intensas, que você ficaria entre os 15% ou 20% dos melhores casos, para uma primeira vez. E essa técnica pode funcionar para você em diferentes níveis, não apenas para reviver lembranças. Você pode aprender a controlar o seu corpo. Por exemplo, se precisar baixar a sua pressão arterial, provavelmente será capaz de conseguir isso sem nenhum medicamento. Você pode usar a técnica para obter resultados físicos, ou por razões de saúde. Se apresentar algum tipo de fobia, pode encontrar a causa e se livrar dela.

Mesmo com a gravação terminada, Andrea continuou refletindo sobre a sua experiência de regressão e dando detalhes. Pessoas submetidas a regressão algumas vezes tomam consciência de uma quantidade muito maior de detalhes do que os que transmitem enquanto estão mergulhados em transe profundo, recordando-se da infância e de existências anteriores. Andrea se lembrou:

– Quando John nasceu, nesta existência, ele tinha a pele amarelada e minha mãe achou que ele ia morrer.

Como esposa de um médico, a mãe de Andrea deveria saber que a vida de John não corria perigo. Com o desenvolvimento do fígado, a icterícia desaparece inteiramente. O processo de cura pode demorar alguns dias, duas semanas no máximo. Mas ela reagiu daquela forma à icterícia de seu recém-nascido e entregou-o às enfermeiras, iniciando uma espécie de afastamento do seu bebê, como se estivesse se preparando para a morte dele. Apesar de amá-lo muito, esse afastamento persistiu mesmo depois de John ter se curado. De certa forma, a mãe sempre esteve antecipando a morte de seu filho.

– Você percebe a conexão? – perguntei a Andrea. – A sua mãe foi também a mãe de John, naquela existência nas pradarias. E ele foi morto naquela vida. Ela o perdeu. Quando ele voltou, como seu filho outra vez, nesta vida, e nasceu com icterícia, ela recordou a perda anterior. Talvez não tenha recordado conscientemente, mas emocionalmente, subconscientemente, ela lembrou. Assim, procurou proteger-se, mantendo suas emoções em estado de alerta. Ela não suportaria perdê-lo outra vez. E acreditou mesmo que ele tivesse nascido com saúde frágil, e que a deixaria, como da outra vez.

Andrea estava na maior felicidade. Sua regressão havia explicado o relacionamento entre sua mãe e seu irmão mais novo. Ela agora conhecia as raízes verdadeiras do comportamento de sua mãe e da reação de seu irmão contra a barreira de defesa que a mãe havia erguido, com medo de perdê-lo mais uma vez. E estava disposta a explicar tudo a eles.

Sua regressão foi do tipo clássico, repleta de lembranças curativas, de emoções intensas, de uma recuperação de detalhes, junto com a capacidade de aprender com o passado e de conectar essas lições a aspectos da vida atual, numa única caminhada.

A matéria nunca foi ao ar na tevê. Um executivo da rede ficou com medo de que Andrea perdesse sua credibilidade como repórter, porque as cenas eram tão vívidas e cheias de emoção.

Assim, devido às preocupações dessa única pessoa, milhões de outras foram privadas da oportunidade de aprender um pouco mais a respeito do significado da vida, sobre como todos estamos ligados e somos responsáveis uns pelos outros, sobre o horror e devastação causados por um assassinato e seus efeitos sobre as existências subseqüentes.

Andrea mais uma vez calou-se e eu notei que ela tinha um ar contemplativo, como se ainda experimentasse os sentimentos intensos e pensamentos que a regressão trouxera à tona.

Senti intensa solidariedade por ela. Minha própria consciência, então, começou a elevar-se. O ambiente em torno apagou-se. O barulho do tráfego, as sirenes e o ininterrupto fundo de vozes de pessoas conversando afastaram-se de meus sentidos. Eu já não percebia completamente meu corpo. Uma belíssima luz apareceu no meu campo de visão. Uma voz ressoou, nas fronteiras da minha mente, como se um Mestre estivesse falando comigo, me dizendo como realmente deveria entender Andrea, os meus pacientes e qualquer outra pessoa.

"*Quando você olhar para outra pessoa, em seus relacionamentos, na terapia, na vida, veja a alma dela através de muitas existências, do tempo infinito. Não olhe apenas para o ser transitório à sua frente. Você também é uma alma.*"

Voltei-me devagar para Andrea, vendo tanto ela quanto a outra menina da existência nas pradarias. Sabia que ela havia tido, também, muitas outras vidas, muitos outros nomes. Mas sua alma foi sempre a mesma. E eu precisava enxergar *essa* parte do ser humano, a alma imortal, não a sua forma física transitória, para poder de fato compreender e ajudar. Para ajudá-los e para me ajudar, porque eu também sou uma alma. Assim como você.

A experiência de regressão de Andrea reflete o tema principal deste livro, da mesma forma que cada face de um diamante reflete o todo. Ela recordava acontecimentos e sensações do seu período fetal. Também tinha conhecimento das emoções de seus pais, demonstrando que a consciência não é localizada, nem limitada ao nosso corpo físico ou ao nosso cérebro. Isto nos faz concluir que, no outro extremo da vida, quando morremos, nossa consciência continua a existir, justamente porque não depende de uma base física. Acredito que as recordações da morte em vidas passadas e do que acontece depois da morte confirmam a permanência da consciência.

Andrea foi capaz de observar o corpo da mulher idosa que ela havia acabado de abandonar. Foi capaz também de recordar incidentes ocorridos apenas alguns momentos, minutos ou horas depois do seu nascimento. Bebês e crianças tomam consciência de muito mais do que suspeitamos. Eles captam nossas emoções e nossos atos. O fluxo de nossos sentimentos amorosos e de nossos pensamentos em relação a eles, tanto antes como depois do nascimento, alimenta sua alma e é um fator essencial para o desenvolvimento saudável de suas vidas.

Por meio de recordações surgidas em sua regressão, Andrea aprendeu sobre relacionamentos, sobre como os acontecimentos em vidas passadas podem influenciar profundamente as ligações na vida presente. Andrea encontrou seus pais e seu irmão atuais na lembrança da vida passada. Ela aprendeu que sempre nos reuniremos com aqueles a quem amamos. Algumas vezes, essa reunião se dá no outro lado, em outras dimensões; mas, pode também acontecer numa existência futura, aqui mesmo na Terra.

Ela conseguiu distinguir os valores importantes dos que não importam ou são prejudiciais. Amor, responsabilidade, coragem, compaixão e capacidade de criar relacionamentos amorosos foram alguns dos valores cuja importância ela confirmou.

Andrea encontrou-se num cone de uma luz azul, bela e intensa, depois de morrer em sua existência nas pradarias. Há muitas descrições diferentes, tanto neste livro como em outras fontes, dessa luz que as pessoas encontram ao deixar seus corpos. O encontro com essa luz também é relatado por quem viveu experiências de quase morte. Um parente querido, um amigo ou um ser espiritual estão sempre esperando, ao final dessa luz, para nos receber e para transmitir-nos importantes informações ou mensagens.

A profunda experiência de regressão de Andrea a fará compreender melhor a natureza da vida e da alma. Esse conhecimento é um passo sagrado. Uma das características desse passo é que vem acompanhado de mudanças positivas na vida presente: melhorias na saúde física e emocional, relacionamentos mais saudáveis, maior alegria e satisfação.

Ao compartilhar das experiências de outras pessoas que você encontrará neste livro, ao refletir sobre as mensagens dos Mestres, sobre os casos que vou apresentar e sobre minhas conclusões, tenho a esperança de que você possa dar os mesmos passos no rumo da sabedoria.

Se for assim, será capaz de enfrentar os obstáculos e as frustrações em sua vida com mais paciência e serenidade. Entenderá suas lições passadas, e as dívidas que deixaram, e tomará mais consciência de seus objetivos na sua vida atual. Sentirá uma grande plenitude, deixará de lado a sensação de confusão, de estar perdido. Aprenderá a superar o medo, a ansiedade, a melancolia e outros sentimentos e emoções que dificultam a vida. Poderá usufruir mais plenamente de tudo o que a vida presente lhe oferece, com mais liberdade nas suas escolhas.

E, acima de tudo, será capaz de entender o que temos em comum: somos mais do que vida e morte, mais do que espaço e tempo. Somos deuses, e os deuses são cada um de nós.

Capítulo 2

Retornando

"...escolhemos quando devemos retornar a nosso estado físico e quando devemos deixá-lo. Sabemos quando já cumprimos aquilo para que fomos enviados à Terra... quando já tivermos tido tempo suficiente para reenergizar nossas almas, nos será permitido escolher se queremos ou não retornar ao estado físico."

Não é por acaso, nem por coincidência que nascemos em nossas famílias. Escolhemos as condições em que nascemos e as possibilidades que temos pela frente. Estabelecemos um plano para nossas vidas antes de nascermos, antes mesmo de sermos concebidos. Nosso plano é supervisionado pelos amorosos seres espirituais que nos protegem e orientam, enquanto ocupamos nossos corpos físicos, desenvolvendo esse plano estabelecido para nossas vidas. Destino é o nome que se dá para os acontecimentos e situações que escolhemos antes de nascer.

Existe um considerável número de evidências provando que podemos ver os principais acontecimentos de nossas vidas, as marcas predestinadas, na etapa de planejamento anterior ao nosso nascimento. As pessoas-chave com quem nos encontraremos são mapeadas, a reunião com almas gêmeas, com almas companheiras, e mesmo o lugar concreto em que esses eventos poderão ocorrer. Alguns casos de *déjà vu* – a sensação de familiaridade, como se já tivéssemos estado naquele lugar, vivendo aquela mesma situação – também podem ser explicados pela visão antecipada da vida que teremos na existência física.

O mesmo se aplica aos casos de adoção. Apesar de as condições de reprodução estarem bloqueadas por algum motivo, os pais adotivos são escolhidos, tal como os pais biológicos. Há razões para tudo, e não existem coincidências na trilha do destino.

Nunca somos privados do livre-arbítrio. Nossas vidas e a vida de todas as pessoas com quem interagimos no estado físico serão afetadas por nossas escolhas, mas ainda assim as marcas predestinadas ocorrerão. Encontraremos as pessoas que planejamos encontrar, enfrentaremos obstáculos e circunstâncias e teremos as oportunidades que planejamos muito antes de nascer. A forma de lidar com esses encontros, as nossas reações e decisões dependerão de nosso livre-arbítrio. Destino e livre-arbítrio coexistem e interagem o tempo todo. São forças complementares, e não contraditórias.

A alma, ao que parece, faz uma espécie de reserva de um corpo físico determinado, por volta da época da concepção. Nenhuma outra alma pode ocupar aquele corpo. A união da alma e do corpo, entretanto, só estará completada próximo ao momento do nascimento. Antes disso, a alma tanto pode estar dentro como fora do corpo, e, com freqüência, tem consciência tanto do que se passa no outro lado como de eventos que ocorrem fora do corpo do bebê e mesmo fora do corpo da mãe.

A alma nunca poderá ser atingida. Abortos, naturais ou provocados, não prejudicam a alma e, nestes casos, não é incomum que a mesma alma ocupe o corpo de uma próxima criança dos mesmos pais.

Marie, uma italiana já beirando os sessenta anos, ficou chocada pela nitidez e acuidade da recordação de um incidente ocorrido antes do seu nascimento. As lembranças vinham da vida uterina, no ventre de sua mãe, um mês antes de seu nascimento.

Marie nunca fora hipnotizada, nem passara por regressões, e sentia dificuldade em aceitar que as experiências proviessem da memória, apesar de os detalhes e a clareza das cenas a espantarem.

– Era como se eu não acreditasse... – começou ela, explicando sua experiência de regressão. – Achei que estava imaginando coisas, mas quando você disse: "você está no ventre da sua mãe", eu me vi dentro dela, e ela estava sentada junto a uma mesa. Minha tia estava ao seu lado, pois eram vizinhas de porta, numa casa de cômodos no Bronx. E eram muito, muito amigas...

Marie começou a descrever o apartamento da mãe com riqueza de detalhes, especialmente a cozinha, onde a tia e a mãe estavam sentadas, bebericando chá e comendo um certo tipo de biscoitos italianos, feitos para o Natal. Marie pareceu também surpresa de ver a árvore-de-natal já decorada, pois o Natal ainda iria demorar duas semanas.

– Ela estava lá, tomando seu chá com minha tia e eu estava no ventre dela. Ela disse então para a minha tia: "Eu vou morrer, não vou criar essa criança."

A mente de Marie parecia estar observando essa recordação. Assistindo a tudo, de dentro do ventre da mãe, um pensamento lhe veio.

– Eu disse para mim mesma: "Que coisa estranha... Minha mãe morreu mesmo... Essa conversa aconteceu uma semana ou duas antes do Natal. E minha mãe morreu de pneumonia, em 14 de janeiro." Agora, mal posso esperar para ver minha tia e perguntar se minha mãe e ela tiveram essa conversa. Tenho certeza de que ela vai lembrar e pensar que fiquei doida, mas foi exatamente isso que as vi fazendo... Eu não sabia de nada disso.

Marie nunca havia estado no velho apartamento de sua mãe, e com certeza nunca também lhe haviam contado sobre essa conversa. Duas horas mais tarde, Marie deu notícias. Ela havia entrado em contato com sua tia, que confirmara tudo.

Diante de mim, Marie parecia não acreditar:

– Então, foi tudo verdade! Minha tia ficou repetindo: "Mas quem contou isso a você?" Então, eu podia mesmo ouvir e ver, lá do útero da minha mãe. Agora, eu acredito!

A confirmação da tia só veio ampliar sua experiência, que fora emocionalmente muito vívida. Marie ainda fez perguntas para sua tia, e com isso foi capaz de preencher algumas lacunas. A cozinha de sua mãe e o apartamento eram exatamente como ela havia *visto*. A tia batizou-a de acordo com o desejo da mãe.

Vanessa é uma jovem hispânica que teve uma vida inacreditavelmente difícil, incluindo aí a morte inesperada de seu marido, por causa de uma enfermidade repentina. Mesmo viúva e com um filho pequeno, ela esforçou-se e conseguiu estar presente a um de meus *workshops*. Eu a escolhi no auditório para uma demonstração de regressão individual, diante das 500 pessoas que observavam. O pai dela, extremamente ansioso, estava lá também.

A parte importante da regressão de Vanessa ocorreu no interior do útero materno, antes do seu nascimento. Num estado de profundo relaxamento e concentração, ela descreveu com detalhes a belíssima luz repleta de paz que a envolvia e ao útero de sua mãe, fornecendo alimento espiritual que completava a nutrição proveniente do corpo da mãe. Ela podia sentir o amor com que seus pais a esperavam e com que a acolheriam. Nesse momento, a expressão facial de Vanessa mudou, deixando a alegria que demonstrava para expressar espanto e medo.

– Sei de tudo o que acontece... – ela afirmou. – ...tanto dentro quanto fora do útero... Sei tanto... Posso ver e sentir... tudo!

Vanessa parecia atordoada com a intensidade de sua consciência no interior do útero da sua mãe. Em silêncio, ela observou muitas coisas.

– Posso ver o futuro... Posso ver o que vai acontecer na minha vida... Tudo tem um propósito. Não é apenas o acaso, como eu pensava.

Esse foi o seu comentário, já numa perspectiva mais elevada.

Vivenciando aquela luz, a sensação de uma consciência superior e o reconhecimento do plano feito para a sua vida e o seu destino, Vanessa passou a entender. Toda a melancolia que vinha carregando começou a desaparecer. A sua vida atual estava sendo transformada por meio de recordações recuperadas de sua experiência uterina. Mais tarde, o pai dela confirmaria muitos dos detalhes das experiências de que Vanessa tomou conhecimento antes de nascer.

No dia seguinte, uma dessas sincronicidades de eventos da vida aconteceu diante do grupo inteiro. Era um *workshop* de dois dias e, ao final do segundo, escolhi uma mulher para demonstrar uma regressão individual, usando um tipo mais acelerado de indução hipnótica.

Ana, minha voluntária, havia faltado no dia anterior e ninguém lhe contara nada sobre a regressão com Vanessa.

Deslizando rapidamente para um transe profundo, Ana também retornou para o período uterino. Ela começou a descrever uma luz dourado-leitosa, os acontecimentos de que tomou conhecimento tanto dentro quanto fora do corpo de sua mãe, as razões para ter escolhido aqueles pais e para voltar à vida física, e como sua vida futura havia sido estruturada para cumprir com perfeição os objetivos de sua alma.

A audiência estava boquiaberta. Ana era a única a desconhecer que o que estava sendo transmitido era a exata repetição do que ocorrera no dia anterior, na regressão de Vanessa.

Pode ser que o grupo precisasse ouvir a mensagem duas

vezes para fixar que não estamos aqui por força de um acidente, nem por coincidência. Somos seres divinos, comprometidos temporariamente com essa escola planetária, e planejamos nosso currículo de maneira a apurar o processo de aprendizagem. Viemos da luz e somos parte da luz, possuímos mais conhecimentos do que podemos imaginar. Tudo o que precisamos fazer é recordar.

Espantosas recordações de infância

"Há sete planos ao todo... sete planos pelos quais devemos passar, antes de voltarmos. Um deles é o plano de transição. É onde você aguarda. Nesse plano é definido o que você levará de volta na próxima vida. Todos teremos... uma característica dominante. Pode ser a ganância, pode ser a luxúria, mas, seja o que for que venha a ser decidido, você precisa pagar os seus débitos para com as pessoas que prejudicou. Então, você precisará superar isso naquela vida. Terá de aprender a superar a ganância. Caso contrário, quando voltar, terá de carregar esse traço e também um outro, para a vida seguinte. As cargas tornam-se cada vez maiores. Cada vez que passar por uma vida sem pagar as dívidas, a próxima será ainda mais difícil. Mas, se você satisfizer os débitos, receberá uma vida mais fácil. Portanto, você escolhe a vida que terá. Você é responsável pela vida que terá na próxima fase. Você a escolheu."

Nascemos com uma lembrança considerável de nosso verdadeiro lar, do outro lado, aquela linda dimensão que acabamos de deixar, para, mais uma vez, assumir um corpo físico. Nascemos com uma tremenda capacidade de receber e de dar amor, de experimentar a alegria mais pura e de usufruir plenamente o momento presente. Quando bebês, não nos preocupamos nem com o passado nem com o futuro. Sentimos e vivemos espontânea e totalmente voltados para o presente, como nos foi destinado vivenciar nesta dimensão física.

A agressão a nossas mentes começa quando ainda somos crianças pequenas. Valores familiares, sociais, culturais e religiosos nos são impostos, suprimindo o conhecimento e a sabedoria com que nascemos, e ameaçando-nos com medo, culpa e castigos, se resistirmos. Corremos o risco de ser ridicularizados, criticados, humilhados, punidos com afastamento, privação de amor, agressão física e emocional, e outros sofrimentos.

Nossos pais, professores e a sociedade são cúmplices na supressão da nossa inocência e espontaneidade. O mundo atual sofre visivelmente as conseqüências dessa falta de amor.

Se permitirmos às crianças, elas nos mostrarão a saída para essa situação.

Existe uma história sobre uma mãe que, entrando no quarto de seu menino de quatro anos, encontrou-o flutuando no ar, acima do berço. E ele então lhe implorou:

– Você precisa me contar tudo a respeito de Deus e do paraíso. Estou começando a esquecer!

Precisamos aprender com nossas crianças antes que elas esqueçam. Nesta e em todas as vidas já fomos crianças. Recordamos e nos esquecemos, e agora precisamos recordar de novo. Para nos salvarmos e salvarmos o mundo. Para corajosamente descartar a lavagem cerebral que nos causou tanta dor e desespero. Para recuperar nossa capacidade de amar e de sentir alegria. Para nos tornarmos outra vez integralmente humanos, como o fomos quando éramos crianças.

Uma mãe, cujo filho está agora com vinte e poucos anos, me relatou o estranho comportamento dele, quando tinha três anos. O cachorro da família morreu de repente. Então, ela deixou o filho com o cachorro e foi para o cômodo ao lado telefonar para o veterinário, para pedir instruções e tomar algumas providências a respeito do corpo do animal.

Quando retornou, uma estranha cena a aguardava.

– Voltei para o quarto e o cachorro estava todo embrulhado. Seus pés estavam envoltos em esparadrapos e manteiga. Meu filho havia passado manteiga no cachorro todo... desde a cabeça até a cauda, e o embrulhou em esparadrapo... Então, eu disse: "Pelo amor de Deus, o que foi que você fez?"

– Puxa, mamãe, eu só queria que ele entrasse no céu mais depressa – o garoto respondeu.

Ela continuou: – Pensei que isso fosse alguma coisa que ele tivesse visto em Vila Sésamo ou em outro programa. Contei essa história para uma amiga, anos mais tarde, antes de saber qualquer coisa a respeito de vidas passadas, e ela comentou: "Ora, ele já deve ter sido um egípcio. É o que faziam, quando seus cachorros morriam."

No dia seguinte, a amiga lhe comprou um livro descrevendo todas as práticas fúnebres dos antigos egípcios.

– A figura do livro era exatamente igual à forma como o cão ficou. Que coisa assustadora! Perguntei ao meu filho se lembrava de ter feito aquilo com o cachorro e ele disse que sim. E disse também que, assim que o cachorro morreu, ele soube que era o que teria de fazer. Ele precisava cuidar do cachorro porque sua alma pairava logo acima do corpo. Ele entendia isso, com três anos de idade. E se pôs a trabalhar.

Outras histórias surpreendentes estão descritas em outros livros. Vale a pena conhecê-las para reforçar nossa convicção de que as crianças têm muito a nos ensinar.

"Temos dívidas a serem pagas. Se não as pagamos, então teremos de levá-las para a próxima vida... Para que possam ser trabalhadas. Você se desenvolve, pagando suas dívidas. Algumas almas progridem mais rapidamente do que outras. Quando estamos numa forma física e nos superamos, vencemos uma vida... Se alguma coisa interrompe a sua capacidade de pagar a dívida, você deve retornar ao plano das lembranças, onde vai esperar até que a alma com quem está em débito venha vê-lo. E, quando ambas puderem voltar à forma física ao mesmo tempo, você terá permissão para voltar. Mas é você quem determina quando retornará. E é você que determina o que deve ser feito para pagar aquela dívida. Você não se lembrará de suas outras vidas... só da mais recente. Apenas as almas no nível superior – os sábios – têm permissão para lembrar a história e acontecimentos passados... para nos ajudar, para nos ensinar o que devemos fazer."

Carma não é punição, mas, acima de tudo, uma oportunidade para aprender. Este planeta é uma enorme escola e nossa tarefa é aprender e crescer.

O carma é um conceito universal, que existe em todas as grandes religiões. Você colhe o que planta. Todo pensamento e toda ação têm inevitáveis conseqüências. Somos responsáveis por nossas ações.

A maneira mais segura de reencarnar numa raça ou religião em particular é manifestar preconceito contra aquele grupo. O ódio é um trem expresso, carregando você para aquele grupo. O carma é o nascimento de um bebê negro, num gueto de negros, quando a alma daquele bebê encarnara anteriormente num dono de plantação do tempo da Guerra Civil, no Sul dos Estados Unidos, que maltratava os escravos.

É importante lembrar que o carma se refere à aprendizagem, nunca à punição. Nossos pais e as outras pessoas com quem interagimos possuem livre-arbítrio. Elas tanto podem nos amar e ajudar quanto nos odiar e prejudicar. A escolha que elas fazem não é nosso carma, mas uma manifestação de seu livre-arbítrio. Elas também estão aprendendo.

Às vezes uma alma escolhe uma vida especialmente difícil para acelerar seu crescimento espiritual, ou como um ato de amor, para ajudar, orientar e apoiar outras pessoas que estejam também enfrentando problemas graves em sua vida. Uma vida dura e difícil não é um castigo, mas uma oportunidade de desenvolvimento.

Trocamos de raça, de religião, de sexo, de condição econômica, porque precisamos receber lições de todos as situações. Experimentamos tudo. O carma é a justiça suprema. Nada escapa nem é tratado superficialmente em nosso aprendizado.

A graça divina pode suplantar o carma. A graça divina é a intervenção sagrada, uma mão amorosa descendo do céu em nosso auxílio, para diminuir nossas dificuldades e sofrimentos. Uma vez que tenhamos aprendido a lição, não há mais necessidade de sofrimento, mesmo que o débito cármico não tenha sido integralmente pago.

Estamos aqui para aprender, e não para sofrer.

Elisabeth Kübler-Ross, a psiquiatra e escritora internacionalmente famosa, pioneira na pesquisa sobre a morte, sobre o morrer e sobre a experiência de quase morte, me relatou a seguinte história que está narrada em seu livro *A Roda da Vida*.

Ao nascer, uma entre trigêmeas, Elisabeth era muito frágil e o médico afirmou que pelo menos dois dos bebês não sobreviveriam. Mas a mãe de Elisabeth era uma mulher de excepcional força e coragem, uma mulher que generosamente dava tudo para os outros, mas recusava que lhe dessem alguma coisa em troca, uma mulher orgulhosa e extremamente autoconfiante. Ela jurou que os três bebês haveriam de sobreviver e cuidou deles por quase um ano, mantendo-os em sua cama, junto ao calor de seu corpo, como se fosse uma permanente incubadora. As três crianças sobreviveram e cresceram bem.

Elisabeth estudava no Departamento de Psiquiatria da Universidade de Chicago, quando foi visitar sua mãe, na Suíça. E a mãe tinha um pedido incomum.

– Elisabeth, se eu tiver algum problema grave e me tornar um vegetal, quero que você me dê alguma coisa para terminar com meu sofrimento.

– Ora, não posso fazer isso! – replicou Elisabeth.

– Claro que pode – insistiu a mãe. – Como médica, você sabe qual é a forma de fazer isso.

– Não, não posso! – repetiu Elisabeth. – Além do mais, as pessoas gostam de você, você sempre foi saudável e vai viver até os noventa, ou mais ainda. – Elisabeth encerrou a conversa e logo depois voltou para Chicago.

Um mês depois da visita, a mãe de Elisabeth sofreu um sério derrame que paralisou a maior parte do seu corpo. Apesar de a mente permanecer relativamente intacta, aquela mulher orgulhosa e independente precisava agora dos outros para as suas necessidades básicas.

– Aprendi a dar ouvidos às premonições dos outros – disse-me Elisabeth.

Sua mãe morreu quatro anos mais tarde, sem ter recuperado as funções físicas. Elisabeth ficou furiosa com Deus.

Mas o trabalho de Elisabeth com crianças em estado terminal fizera os seus horizontes se expandirem. E ela também havia começado a meditar.

Um dia, pouco depois da morte de sua mãe, Elisabeth foi

sacudida por uma poderosa voz interior, durante sua meditação.

– Por que está com tanta raiva de mim? – a voz perguntou.

Em sua mente, Elisabeth respondeu:

– Porque você fez a minha mãe sofrer demais, e ela era uma pessoa maravilhosa, dedicada, que nunca aceitou nada de ninguém, mas que dava tudo para os outros. Você a fez sofrer por quatro anos, antes de deixá-la morrer.

– Mas isso foi um presente para sua mãe – a voz respondeu suavemente. – Um presente da graça divina. O amor precisa ser equilibrado. Se ninguém recebesse amor, quem poderia dá-lo? Sua mãe aprendeu isso, nesses quatro anos, em vez de precisar voltar em mais uma ou diversas vidas, com problemas mentais sérios ou mesmo fisicamente incapaz, para aprender a aceitar e receber o amor dos outros. Ela aprendeu a lição e agora pode seguir em frente,

Escutando aquilo e compreendendo a mensagem, Elisabeth tranqüilizou-se.

A compreensão pode curar imediatamente nossa dor mais profunda.

Capítulo 3

Criando relacionamentos amorosos

*

"Por que retornamos para aprender? Por que não podemos aprender enquanto espíritos? Há diferentes níveis de aprendizagem e precisamos percorrer alguns deles sob a forma física. Precisamos experimentar a dor. Quando somos espíritos, não sentimos dor. É um período de renovação... A alma está sendo renovada. Quando estamos no estado físico, podemos sentir dor, podemos ferir os outros. Na forma espiritual não sentimos, existe apenas felicidade e bem-estar. Mas é um período de renovação... para nós. A interação entre as pessoas na forma espiritual é diferente. Quando estamos no estado físico... podemos vivenciar relacionamentos."

Depois do nosso nascimento no estado físico, a fonte principal de aprendizagem são os relacionamentos. Através da alegria, da dor e da emoção dos relacionamentos, avançamos em nosso caminho espiritual, de maneira a aprendermos a respeito do amor sob todas as formas. Relacionamentos são laboratórios vivos, um verdadeiro campo de testes para determinar como estamos nos saindo, se aprendemos profundamente nossas lições, aproximando-nos do plano que predeterminamos para a nossa vida. Nos relacionamentos, nossos botões são acionados e nós reagimos. Já aprendemos a negociar, dialogar e perdoar, ou usamos a violência, o autoritarismo e a vingança?. Somos capazes de nos aproximar dos outros com compreensão, amor e compaixão, ou reagimos com medo, egoísmo e rejeição? Sem relacionamentos, nunca poderíamos saber essas coisas, nem testar nosso progresso.

É mais fácil aprender do outro lado, no estado espiritual, quando o relacionamento com outras almas é harmonioso e cheio de energia amorosa. Mas a Terra é um lugar difícil, onde aprendemos por meio das emoções e da dor, e mostramos por meio das ações se de fato aprendemos nossas lições.

Quanto mais obstáculos houver, mais oportunidades teremos para aprender. Uma vida com relacionamentos difíceis, repleta de desafios e perdas oferece maiores oportunidades para o crescimento da alma. Se é isso o que acontece, pode ser que você tenha escolhido uma vida mais difícil, de modo a acelerar o seu progresso espiritual.

Às vezes, um acontecimento negativo, tal como a perda de um emprego, pode ser a mão que abre uma porta para outra oportunidade melhor. Tenha paciência, pois o destino pode necessitar de um pouco mais de tempo para tecer sua tapeçaria intrincada.

Mas, apesar de todos os problemas, há também amor, alegria e êxtase nesta vida, onde participamos de uma comunidade em que todos estão aprendendo as mesmas lições.

O amor não é um processo intelectual, mas acima de tudo uma energia dinâmica que flui para dentro e através de cada um de nós, permanentemente, quer estejamos ou não conscientes disso. Devemos aprender tanto a dar amor quanto a recebê-lo. Só em comunidade, envolvidos em relacionamentos e servindo ao próximo, é que seremos capazes de verdadeiramente compreender toda a amplitude da energia do amor.

Nesses anos todos, já tratei de inúmeros casais e famílias que vinham sofrendo dentro de seus relacionamentos. Pratiquei a regressão com alguns deles e sempre encontramos causas, em existências passadas, para seus conflitos presentes. Outros precisavam desenvolver suas habilidades de comunicação e outros precisavam entender-se mutuamente, num nível mais elevado. Alguns precisavam reavaliar seus valores e prioridades. E certas pessoas precisavam apenas assimilar uma ou duas técnicas para eliminar bloqueios e mudar seus hábitos, começando a transformar suas vidas.

Muitos problemas foram resolvidos, com crescimento para todos e maior riqueza nos relacionamentos, quando houve um esforço real e tentativas sinceras nesse sentido. Muitas das sugestões e técnicas que usei com meus pacientes estão baseadas numa compreensão mais profunda e espiritual de suas vidas e de seus destinos, para além do que pressupõe a psicoterapia tradicional. Descobri que nossos corações e nossas almas têm mais necessidade e respondem melhor à psicoterapia espiritual do que a abordagens meramente intelectuais e mecânicas.

Como os relacionamentos são a base para o nosso crescimento quando estamos no estado físico, ofereço algumas de minhas reflexões e sugestões para ajudar você em seus relacionamentos, especialmente se estiver sentindo alguma dificuldade neste campo da sua vida.

Muitas dessas idéias e reflexões vieram à minha consciência quando eu estava meditando nos contrafortes acima da cidade de Medellin, na Colômbia. Dou extremo valor a elas porque me chegaram durante uma meditação e eu pude sentir a presença ou pelo menos a influência dos Mestres. Foram recebidas em meio a uma tremenda corrente de energia impregnada de carinho e compaixão e estão repletas de amor e de poder curativo. Pela minha experiência, usando-as com os pacientes que me procuram necessitando de ajuda, posso dizer que elas *realmente* produzem maravilhas.

Estou transmitindo essas idéias tal como me vieram à mente, entremeando-as com algumas observações. Elas devem ser lidas devagar, com a maior tranqüilidade possível. Talvez seja bom reservar algum tempo para pensar ou meditar sobre aquelas que se aplicam a você, ou sobre as que produzem alguma ressonância em seu íntimo. Você pode também querer registrar em seu diário as reflexões que lhe ocorrerem a partir dessas idéias.

Não há pressa, não há uma agenda a cumprir, não há prova final. Tudo o que eu desejo é que essas idéias ajudem você a amar com mais liberdade, livrando-se dos medos.

Tomando consciência de si e dos outros

"O que me é revelado é o que é importante para mim, o que me diz respeito. Cada pessoa precisa preocupar-se consigo mesma... em se fazer... algo inteiro. Temos lições a aprender... cada um de nós. Elas devem ser aprendidas uma de cada vez... em sua ordem. Só então poderemos tomar conhecimento do que o outro necessita, do que lhe falta ou do que nos falta, para constituirmos um todo."

Compreenda a natureza do eu, do Eu Real, que é imortal. Essa compreensão irá lhe ajudar a olhar as coisas de uma perspectiva apropriada.

Desenvolver o autoconhecimento para ver com clareza, sem as distorções da mente consciente ou subconsciente. Pratique a meditação e a visualização, a observação desprendida, a percepção pacífica, experimentando uma sensação de amor desprendido e de generosidade amorosa. Cultive esse estado.

Conheça os seus pensamentos, as suas pressuposições e fantasias e dê-se conta de que você pode ter misturado tudo. As generalizações nos impedem de enxergar o que é único e individual. Preconceitos e estereótipos, tais como "os homens são brutais e insensíveis" ou "as mulheres são demasiadamente sensíveis e emocionais" levam a uma distorção da realidade. A experiência é mais forte do que a crença. Aprenda com suas experiências. O que ajuda sem prejudicar é valioso. Descarte suas crenças e pensamentos ultrapassados.

A felicidade vem do íntimo. Não depende de fatores externos ou de outras pessoas. Nós nos tornamos vulneráveis e podemos ser facilmente feridos quando os nossos sentimentos de segurança e felicidade dependem do comportamento e das ações de outras pessoas. Nunca transfira o seu poder para outra pessoa.

Tente não se apegar a coisas. No mundo tridimensional, aprendemos por meio de relacionamentos, não de coisas. Todos sabemos que não podemos levar nada conosco, quando deixamos este mundo.

Quando morremos e nossas almas avançam para dimensões mais elevadas, levamos conosco nossos comportamentos, nossos atos, nossos pensamentos e nosso conhecimento. A forma como tratamos os outros nos relacionamentos é infinitamente mais importante do que os bens materiais que acumulamos. Podemos ganhar e perder objetos e riquezas materiais durante a vida na Terra. Não encontraremos esses objetos na vida do outro lado, mas encontraremos nossos seres amados. Este pensamento deve ajudar-nos a examinar nossas prioridades e valores.

Ame-se. Não se preocupe com a opinião alheia. Se você realmente precisa e quer dizer *não*, para recusar alguma oferta ou obrigação, faça isso. Se você não o fizer, abrirá um caminho para a raiva entrar. Você vai sentir raiva do compromisso e da pessoa que o impôs. É melhor dizer *não* quando você precisa e dizer *sim* quando você quer.

Enfermidades físicas são uma conseqüência comum da incapacidade de recusar compromissos indesejáveis, já que essa é uma maneira mais aceitável de dizer *não*. Então, você não tem outra escolha a não ser recusar, já que o seu corpo disse *não* por você. Mas é muito mais saudável afirmar assumidamente o seu desejo. Há um ditado que eu vi numa camiseta que resume isso de um jeito engraçado: "Estresse é quando a sua mente diz não, mas a sua boca se abre para dizer *sim*".

Projeção é a ação psicológica de negar o seu medo e suas motivações inconscientes, colocando esses medos e motivações nos outros. Tenha cuidado para não projetar seus sentimentos ocultos nos outros ou para não lhes atribuir motivações e intenções inexistentes. Essa distorção da realidade fere tanto a você quanto ao outro.

Por exemplo, se você tem baixa auto-estima e medo de ser abandonado e sua amiga não comparece a um encontro num restaurante, você pode pensar: "Ela nem está ligando para mim. Deve ter me dado o bolo porque encontrou alguém melhor..." E na verdade o que aconteceu foi que sua amiga ficou presa no tráfego.

Procure compreender a natureza e a influência exercida por padrões de comportamento repetitivos, originados em experiências de infância ou mesmo em vidas passadas. Se não os compreendermos, eles tenderão a se perpetuar, prejudicando desnecessariamente os relacionamentos.

Em meus livros anteriores, descrevi como reconhecer esses padrões de comportamento repetitivos e como distinguir origens que estão na vida atual das que se encontram em vidas passadas. No segundo capítulo deste livro, a reação da mãe de Andrea à doença do filho recém-nascido refletia um padrão originado numa vida passada (medo da perda). Há determinados padrões ligados a álcool e drogas que se repetem durante muitas vidas.

Às vezes é preciso buscar em vidas passadas as raízes de determinado comportamento, mas essas raízes podem estar na vida presente e basta ter humildade e persistência para descobri-las.

Uma das lições mais importantes na vida, para se entender o que é liberdade, é a da independência. Independência de amarras, da obrigação de atingir determinados resultados, das opiniões e expectativas alheias. Quebrar amarras conduz à liberdade, mas não significa abandonar um relacionamento importante e repleto de amor que nos alimenta e enriquece. Significa pôr fim à *dependência* em relação a uma pessoa ou a uma coisa. Amor não tem nada a ver com dependência.

Como o amor e o respeito a nós mesmos é fundamental, nunca permaneça numa relação destrutiva, mesmo que você ache que ama a outra pessoa. Pode ser que a ligação com essa pessoa não funcione por causa dos problemas dela, mas é importante lembrar que o amor nunca acaba e que você terá muitas outras oportunidades de encontrar a pessoa certa.

Enxergue a outra pessoa com clareza e nunca a ponha sobre um pedestal. Seus pais, professores, as pessoas que representam a autoridade são exatamente iguais a você. Elas têm seus próprios medos, dúvidas, ansiedades e imperfeições. Não se deixe manipular por elas. Veja-as como iguais, como seus irmãos e irmãs. O julgamento que emitem não tem nenhum valor especial. Ouça e reflita sobre as opiniões delas. Podem ser sábias, corretas, mas também podem estar erradas.

Em meus *workshops*, com freqüência conto a história de uma paciente cujo pai era um homem arredio, distante e autoritário. Ele era um juiz e exigia ser colocado em um alto pedestal, não apenas pelas pessoas que apareciam no tribunal, mas também por sua esposa e filhos.

Ele nunca foi capaz de dar um abraço em sua filha, nem conseguia lhe dizer que a amava.

Depois da morte do pai, ela sentiu como se o relacionamento com ele não houvesse sido concluído, como se continuasse sem solução, mas mesmo assim não era capaz de enxergá-lo com clareza, pois o pedestal era demasiadamente alto.

Certo dia, em profundo estado de relaxamento, minha paciente visualizou a si mesma em um belíssimo jardim. Seu pai, com aparência rejuvenescida e mais saudável do que nos últimos anos de vida, veio ao seu encontro.

– Pense em mim como um irmão! – ele disse, amorosamente.

Essas palavras mudaram inteiramente o teor do relacionamento deles. Agora, ela podia ver o pai como um irmão, um igual. Ele não era mais o seu superior. Ela tanto podia perceber suas virtudes como suas falhas, de maneira mais lúcida e leve.

E pôde também entendê-lo e perdoá-lo.

Ela havia, sem querer, sido conivente na construção do pedestal que agora desaparecera, levando junto a distorção da realidade que essa projeção sempre produz.

É freqüente tomarmos de maneira pessoal as agressões e golpes dados por aqueles que nos atacam. E ainda com maior freqüência nos deixamos manipular em seus jogos neuróticos. Mas não é um ataque dirigido especialmente a você: qualquer pessoa na sua posição receberia o mesmo tratamento. Não há nada especialmente nocivo ou fora do comum em você.

Precavenha-se contra as embalagens que disfarçam certas pessoas. As pessoas mais perigosas constantemente usam os disfarces mais sedutores: são excitantes, engraçadas, impulsivas, vivem sempre no limite. Freqüentemente, a aparência externa cega o nosso coração, impedindo-nos de enxergar o perigo. Aprenda a ver com o seu coração, e não com os olhos.

A negação, o ato de não tomar consciência dos sentimentos e motivações mais íntimos, é exatamente o contrário de manter-se atento. Se negamos, estamos desatentos, adormecidos. Nesse estado, corremos o risco de dizer e fazer coisas que prejudicam nosso relacionamento com os outros. Mas, quando estamos despertos, quando temos plena consciência de nós mesmos, não iremos ferir inadvertidamente a outra pessoa.

Promovendo o amor e a compreensão nos relacionamentos

"Quando você olhar nos olhos de outra pessoa, e de mais outra, e vir a sua própria alma retribuindo o olhar, então você saberá que atingiu um outro nível de consciência."

Relacionamentos precisam de cuidados e atenção. Desprenda-se de suas prioridades atuais, reavalie-as. Dedique tempo e energia para o bem da outra pessoa. Concentre nela sua atenção, pois os relacionamentos são mais importantes do que a televisão, a revista ou o jornal. Afaste as distrações, desligue a tevê, deixe de lado o jornal. Respeite a outra pessoa.

Nunca pense nos relacionamentos como coisa garantida, que não precisa ser continuamente alimentada. Não caia na rotina. Renove o relacionamento através de ações amorosas. O relacionamento é algo vivo, que existe no presente. Sua garantia de permanência não vem do passado.

Faça com que a alma penetre no relacionamento através da atenção e da compreensão. É isso que aprofunda o processo, harmonizando a alma/lado direito do cérebro com o ego/lado esquerdo do cérebro. Só os relacionamentos em que colocamos nossa alma trazem verdadeira alegria à vida.

É sempre seguro amar completamente, sem reservas. Nunca seremos verdadeiramente rejeitados. É só quando nos deixamos envolver pelo ego que nos tornamos vulneráveis e nos machucamos. O amor em si é absoluto e abrangente.

Dirija-se aos outros com amor e compaixão, sem preocupar-se em receber nada em troca. O que importa não é o número de pessoas que você alcança com o seu amor, mas sim o ato de entregar-se carinhosamente. Às vezes, quando um médico trata do seu paciente com compaixão e vontade de curar, o médico é mais beneficiado do que o paciente. Todos nós somos médicos da alma.

Use o seu coração nos relacionamentos, não a sua cabeça. Se tiver dúvida, escolha o coração. Isto não significa que deva negar o que aprendeu com a experiência. Confie, porém, na sua sabedoria intuitiva, para integrar experiência e intuição. Não confunda sua intuição com o seu desejo. O importante é conseguir um equilíbrio entre cabeça e coração. Quando a intuição se manifesta com clareza e verdade, os impulsos amorosos são favorecidos.

Quanto mais você se dedicar a ouvir essa serena voz interior, mais nítida e precisa ela se tornará.

Confie. Você pode confiar no amor. Decisões individuais talvez pareçam prejudiciais, mas não o amor. Quando o amor está presente, ele transparece em todos os nossos atos. Seu filho pode não entender a intenção amorosa com que lhe é injetado um antibiótico, mas você sabe que não poupará esforços para protegê-lo da doença. Às vezes somos obrigados a romper com a pessoa amada porque a relação se tornou destrutiva para os dois. É necessário olhar o contexto mais amplo antes de julgar as decisões ou atos isolados.

Pratique esses princípios tão simples que trarão satisfação e felicidade para o seu relacionamento. Compartilhe os pequenos prazeres da vida.

Temos a tendência de achar que as atitudes românticas devem ser grandiosas e expressas por meio de jóias, flores e programas especiais. No entanto, aprendi que algumas vezes as pequenas coisas podem ser as mais significativas.

Há muitos anos, eu era um residente em psiquiatria em Connecticut. Nosso filho, Jordan, estava com um ano, e Carole, minha mulher, tinha um emprego que não lhe exigia horário integral. Era comum eu trabalhar até tarde no hospital. Numa noite extremamente quente, voltei para casa por volta das onze horas. No caminho, parei para comprar duas casquinhas de sorvete, uma para Carole, outra para mim. Carole e eu não tínhamos conseguido conversar ainda e eu não sabia que o dia havia sido especialmente cansativo para ela, tanto no trabalho quanto em casa. Então, nos sentamos juntos, para tomar o sorvete, compartilhando aquela intimidade por um curto período de tempo, na quietude do final de noite. Até hoje ela me diz que o fato de eu haver pensado nela e de ter trazido aquele sorvete é uma de suas lembranças favoritas.

Ajude os outros a pensar e realizar seus planos de vida e seus objetivos. A segurança no relacionamento começa nas atitudes amorosas de cada dia.

Acabe com a dependência. Não faça com que a auto-estima, o dinheiro ou a confiança de alguém dependam de você. Não humilhe nem desvalorize ninguém. Promova o amor e a autoestima. As pessoas não abandonam relacionamentos repletos de amor, a não ser que não saibam o que estão fazendo ou que estejam iludidas.

Nunca tire a alegria do outro. Na família de Carole há um ditado antigo, ensinando que o pior pecado é roubar de alguém seu *neshumah*. Eles traduzem a palavra, originalmente em ídiche, por *alegria*. Mas, com que freqüência, as pessoas fazem isso! E sempre de maneira tão destrutiva! Todos já sofremos algo semelhante e todos já experimentamos a sensação de desamparo que acompanha tal atitude, que pode começar muito cedo. Quantas vezes crianças orgulhosas de um desenho que fizeram ou de uma canção que aprenderam foram recebidas com risadas, zombaria e até mesmo reprimendas, em vez de serem acolhidas com um gesto carinhoso. Mais tarde, na vida, quantas vezes nossos momentos de alegria foram arruinados por uma crítica mais rude ou por uma observação irônica? Mesmo quando sabemos que a atitude da outra pessoa é motivada pelo ciúme, por inveja, ou por seu sentimento de inferioridade, nos sentimos outra vez como crianças. É interessante notar que a palavra *neshumah* na verdade significa *alma*. O grande pecado é privar alguém de sua alma.

Vou lhe dar algumas sugestões que podem contribuir para que a comunicação expresse mais solidariedade e menos julgamento. São pequenos exercícios que, praticados freqüentemente, trazem sensível melhora para os relacionamentos. Pode parecer difícil, quase impossível, porque os sentimentos irrompem em nós quase que sem nosso controle. Mas uma coisa são nossos sentimentos, outra são nossas ações. Exercite-se pacientemente para conseguir cada vez mais liberdade na escolha do que vai fazer em seus relacionamentos.

Coloque-se no lugar do outro, tente entender suas razões, motivações, circunstâncias. Existe entre os índios uma prática extremamente interessante: quando duas pessoas vão discutir uma questão em que ambas estão envolvidas, elas trocam de sapatos, para sentir concretamente o que é estar "na pele do outro". Faça isso repetidamente em seus relacionamentos, mesmo sem trocar de sapatos. Os progressos serão quase imperceptíveis, mas tenha certeza de que você estará avançando.

Sempre que sentir um impulso positivo, diga coisas agradáveis, desde que sejam verdadeiras e venham do fundo do coração. Segure a mão do outro com carinho. Todos nós precisamos dar e receber amor.

A comunicação deve ser livre e aberta, sem crítica nem julgamento, sem nenhuma intenção de prejudicar ou vencer, em busca da verdade que beneficie os dois.

Ponha de lado o ego e o orgulho, que só atrapalham. Ouça com atenção, com desprendimento e flexibilidade. Faça com que o outro se sinta livre para dizer o que quer.

Não fale até ter alguma coisa para dizer, de preferência alguma coisa positiva. Não fale sem antes refletir. É sempre mais seguro ficar em silêncio, ouvindo e tentando compreender. Saiba captar os medos implícitos por trás dos pensamentos e das ações. Abra-se para enxergar o contexto mais amplo, procurando não se deixar distrair pela raiva ou por outra emoção.

Nunca fale ou aja quando estiver com raiva. As palavras têm um efeito duradouro e muito poder, não é fácil esquecê-las. Nunca fale sob o efeito de álcool ou drogas. Você nunca será capaz de curar completamente as feridas causadas pelas palavras de ódio e de raiva.

Vencer uma discussão pode significar uma derrota, se servir apenas para satisfazer o ego. Fazer aquilo que promove o amor, a compreensão e a cooperação é a verdadeira vitória. A derrota sempre será aquilo que promove pensamentos e emoções negativos: medo, raiva, culpa, vergonha, tristeza, ansiedade, preocupação ou ódio.

É difícil livrar-se da raiva. Nós nos sentimos sempre com razão, sempre certos, como se nossa integridade e honra estivessem em jogo, sendo testadas. O único teste, nesta grande escola que chamamos de humanidade, é saber se estamos conseguindo afastar a raiva e abraçar o amor. Apegar-se à raiva envenena o relacionamento. Continue a amar, mesmo que o outro esteja zangado, magoado ou amedrontado. O amor é permanente, a raiva é transitória. Nunca use a violência.

Descubra as causas da raiva, pense a respeito, respire fundo várias vezes, deixe a raiva passar. Quanto tempo isso demora?

Cinco dias... três... um dia... uma hora? Se você sabe que vai mesmo deixá-la passar em cinco dias, por que não procura fazê-lo em uma hora? Se tentar bastante, vai conseguir!

Há alguns anos, estava tratando de um casal, em uma terapia conjugal. Os dois eram inteligentes, bastante conscientes, e o relacionamento deles, de maneira geral, era bom. Eles me procuraram porque freqüentemente tinham discussões altamente emocionais, que inevitavelmente levavam à raiva e à mágoa. E ficavam zangados por vários dias, cada um de seu lado, sentindo-se péssimos. Mesmo assim, o orgulho os impedia de pôr fim ao conflito e sofriam muito com isso.

Vieram ao meu consultório após uma semana de muita hostilidade e ressentimento. O menor incidente fazia o ressentimento explodir em violentos ataques.

Depois de trinta minutos de terapia com os dois, as questões estavam resolvidas e a raiva praticamente dissipada. Como sempre, o orgulho e a mágoa haviam prolongado a animosidade, impedindo que os dois se entendessem.

Tentei então uma nova abordagem:

– Nessas brigas de vocês... que por sinal chegam sempre a um fim, cedo ou tarde... quanto tempo normalmente levam para deixar a raiva de lado e fazer as pazes?

– Bem, geralmente, uns cinco ou seis dias – respondeu o marido. E sua mulher concordou.

– Mas vocês acham que poderiam fazê-lo em três dias? – perguntei. – Isso ainda daria a vocês tempo suficiente para brigar e reclamar à vontade e depois chegarem a um acordo. Se conseguem fazer isso em cinco dias, por que não em três? No final das contas, sempre terminam fazendo as pazes, não é?

Eles refletiram por alguns momentos e finalmente concordaram.

– Bem – prossegui –, mas, se podem resolver tudo em três dias, por que não em um dia? É claro que já sabem como se desenrola todo o processo de suas brigas, do começo até o desfecho. E já aprenderam quais são as ferramentas que podem usar para resolver suas diferenças. Não é possível, então, acelerar esse processo e fazer tudo num único dia?

Mais uma vez consideraram a proposta. E novamente concordaram. Um dia seria o bastante para eles.

– Mas – continuei –, o que me dizem de seis horas? Afinal, se podem resolver tudo em um dia, por que não em seis horas? Pensem quanto isso iria diminuir a infelicidade dos dois, todo o sofrimento por que passam... Ficaria tudo reduzido a seis horas!

A proposta mais uma vez lhes pareceu sensata.

E prossegui diminuindo o espaço, até que cheguei a uma ou duas horas. O que precisavam fazer era reconhecer a fragilidade das razões que os levavam a brigar, negociar, entrar em acordo, tentar cada um entender as razões do outro, procurando fazer tudo isso em cerca de uma hora.

Desde então, esse processo abreviado de briga/raiva/entendimento passou a funcionar muito bem para aquele casal. Eles já tinham se dado conta que, de uma maneira ou de outra, sempre terminavam as brigas e deixavam de sentir raiva. Agora, em vez de sofrer por cinco ou seis dias, enfrentam somente um curto período de tormento.

Todos podemos aprender a abreviar nossos períodos de raiva e levá-los a uma rápida solução. A raiva acaba sempre por dissipar-se. Por que então deter-se no sofrimento desnecessariamente? Tente esta técnica em seus relacionamentos.

Perdoe o passado. Aprenda com ele e desapegue-se dele. As pessoas estão em constante crescimento e mudança. Por isso você não deve fixar-se em uma imagem antiga, limitada e negativa de uma pessoa. Veja como ela é agora. O seu relacionamento está sempre vivo, sempre mudando.

Invista seu amor na outra pessoa agora, no presente. Não se arrependa, não lamente por erros passados. O passado... passou. Comece neste exato instante. Nunca é tarde demais para expressar o seu amor e a sua compaixão.

Quando visitei o Brasil pela primeira vez, em 1996, uma mulher me disse, bastante triste:

– Eu me sinto muito mal quando me lembro da maneira rígida e autoritária com que tratei meu filho mais velho, quando ele era criança. Eu era muito jovem e imatura e acabei criando-o do mesmo jeito como minha mãe me criou. Eu gostaria tanto de começar tudo outra vez!

– Ame-o agora! – eu sugeri. – E do jeito como você gostaria de ter feito quando ele era uma criança.

Quando retornei ao Brasil, no ano seguinte, encontrei-a de novo. Estava feliz com o progresso que conseguira. A prática constante da meditação ajudou-a a eliminar a paralisia afetiva imposta por sua culpa, rompendo o bloqueio e levando-a a aproximar-se de seu filho e dar-lhe todo o amor e atenção que guardava dentro de si.

Tente visualizar o seguinte: veja a barreira que separa você de seus seres queridos se desfazer, preenchendo-se o espaço com uma energia repleta de beleza. Não somos blocos de gelo flutuando isolados, mas sim a água que os conecta. Veja e sinta essa conexão. Mande a sua luz e o seu amor para os outros. De alguma maneira, eles o receberão. Estamos sempre mutuamente conectados.

Ajude o outro a eliminar o medo. O que você fizer a partir do amor, a partir do seu coração, retornará a você dez vezes multiplicado.

O amor é eterno. O amor não acaba quando a relação termina. O amor não acaba nem mesmo com a morte física.

O amor, em si, permanece, mesmo se o ser amado morreu. Visualize essa pessoa e envie para ela pensamentos e comunicações positivas. Seu relacionamento está vivo e as transformações podem continuar ocorrendo.

Carole e eu conduzimos programas de treinamento intensivo várias vezes por ano. Durante um desses programas, Carole trabalhou com um homem que, através da regressão, descobriu a essência do amor.

É Carole quem conta:

"As pessoas sempre me perguntam se conheci Brian em vidas passadas. Eu já fiz regressões para resolver alguns problemas, mas nunca me interessei em investigar vidas passadas com ele. A única razão para isso seria curiosidade, pois sempre senti muito amor e ligação entre nós. Mas há um grande desejo nas pessoas de saber se alguém significativo na vida atual participou de suas vidas passadas. Arthur era uma dessas pessoas e sua busca resultou numa descoberta muito importante.

"Em geral trabalhamos em grupo, mas Arthur, um sul-africano de cerca de sessenta anos, pediu desde o começo para ter um atendimento individual. Depois de muita insistência, decidi atendê-lo.

"Ele falou-me de sua mãe, extremamente querida e que morrera há vários anos. Arthur tinha quatro netos e, embora os amasse muito, sentia uma preferência acentuada por uma das netas. Queria saber se essa menina era sua mãe reencarnada.

"Demos início a uma regressão que o levou a diversas vidas passadas. A primeira foi na Inglaterra, no século dezessete, e ele conseguiu ver em detalhes a casa onde morava. Avançamos no tempo, durante aquela mesma vida, e agora ele estava em um colégio interno. Ao ver seus irmãos, descobriu que sua irmã daquela época era sua mãe na vida atual. Mais tarde, então um advogado, ele vivenciou a cerimônia de seu casamento com a mulher que amava.

"Finalmente, depois de uma vida agradável e tranqüila, chegou o momento da morte, cercado por seus seres amados. Então, Arthur sentiu-se levado por um vento forte para outra dimensão, onde estavam várias pessoas queridas, amigos e parentes, esperando por ele. Antes de juntar-se a elas, porém, era necessário fazer uma revisão de vida com seres especiais, que ele identificou como Mestres. Eles lhe pediram para olhar para trás e descobrir qual tinha sido a principal lição daquela vida. Depois de pensar por algum tempo, Arthur afirmou que a lição mais importante fora descobrir que não havia necessidade de acontecimentos espetaculares ou grandes realizações para sentir-se feliz e ser capaz de dar e receber amor. Arthur disse que os Mestres pareceram satisfeitos com a resposta. Ele pôde então ir ao encontro da família e dos amigos, o que lhe deu uma imensa alegria.

"Depois de deixá-lo usufruir a sensação de euforia, perguntei-lhe o que estava acontecendo. Ele respondeu: 'Estamos esperando. Estamos esperando para decidir quando reencarnaremos, quando voltaremos.' Disse-me que os Mestres estavam com eles, ajudando-os a fazer as escolhas, e que davam conselhos apenas quando eram consultados, sem qualquer imposição.

"Indaguei se ele podia fazer perguntas aos Mestres sobre sua vida atual e, ante a resposta afirmativa, sugeri que ele procurasse saber se sua neta e sua mãe eram a mesma alma.

"Arthur ficou algum tempo em silêncio e depois relatou: 'Eles me perguntaram: Você amava sua mãe? E eu respondi: Amava muito. Perguntaram de novo: Você ama sua neta? E eu afirmei: Amo muitíssimo. Os Mestres então disseram: Que diferença faz se sua neta foi sua mãe? Respondi: A rigor, não faz a menor diferença. O que importa é o amor que sinto pelas duas. O amor é que importa. Eles pareceram gostar da resposta.'

"Arthur voltou da regressão extremamente satisfeito com a mensagem que recebeu. Não sentia necessidade de encontrar outras respostas."

Nossas almas existem numa corrente energética de amor. Nunca ficamos separados de nossos seres amados, ainda que sintamos sua ausência. Podemos voltar a nos reunir com eles de formas inesperadas e impressionantes.

Diane era minha paciente. Ela é uma mulher de trinta e cinco anos, bonita e com uma personalidade muito forte. Como enfermeira-chefe do setor de emergência de um grande hospital, era obrigada a tomar inúmeras decisões envolvendo vida e morte, várias vezes por dia.

Mas Diane sentia-se frustrada por não ter ainda encontrado seu parceiro. Namorara muitos homens, mas, ou eles se intimidavam com a força de sua personalidade, ou ela não conseguia se envolver. Procurava uma alma gêmea, mas às vezes duvidava que fosse encontrá-la. Era acometida por vagos sentimentos de culpa e sentia como se não merecesse encontrar o amor que a faria feliz.

Durante uma vívida regressão, Diane viu-se na América do Norte, há mais de cem anos, durante uma guerra com os índios. Ela pertencia a um grupo de colonizadores e era uma jovem mãe com um filho bebê. Seu marido estava fora e ela se escondia em sua cabana, tentando escapar de um ataque índio.

– Meu bebê tem um ano e meio. Seu cabelo é escuro e os olhos castanhos. Ele é um amor.

Eu pressentia a tragédia que se aproximava à medida que ela ia descrevendo a cena.

– Ele tem uma marca de nascença nas costas, logo abaixo do ombro direito... em forma de meia-lua.

Eu a trouxe de volta para o esconderijo e, de repente, ela começou a soluçar. Pedi que flutuasse sobre a cena, desligando-se dela e observando-a de cima, como se estivesse assistindo a um filme. Dessa forma, ela conseguiria controlar sua emoção e prosseguir na descrição.

– Se eles nos descobrirem, nos matarão. Mas meu filho está chorando... está chorando. Eu coloco a mão sobre sua boca... mas ele não pára! – Ela recomeçou a chorar.

– Ele está morto... eu o matei. Eu não queria... mas ele não parava de chorar... Meu Deus, o que é que eu fiz?

Os índios não a encontraram, mas sua vida ficou destruída pela dor e pela culpa. Ela nunca se perdoou.

Mais tarde, naquela vida, ela teve outros dois filhos que estavam junto dela, com os netos, no momento de sua morte. O fato de ter sido uma mãe e avó amorosa e dedicada atenuou muito pouco sua culpa, vergonha e autopunição.

Ela morreu e flutuou acima de seu corpo, descrevendo uma linda luz dourada em forma de círculo. Dentro do círculo ela podia ver os espíritos dos seres amados mortos antes dela, incluindo seu marido e seus pais. Mas não viu o bebê.

Apesar disso, sentiu uma incrível paz. Havia música vindo da luz.

– A luz e a música são tão bonitas, que fica difícil descrevê-las... a sensação é de estar voltando para casa. Estão me acolhendo. Estou indo para casa.

Ela sentia um pouco de tristeza por deixar seus filhos e netos, mas a alegria que lhe davam a luz e a música era irresistível.

– Eles não entendem que eu não estou morta, apesar de ter deixado meu corpo. Ainda estou presente, bem próxima. Morte não existe. Eu não morri de verdade, mas eles não sabem.

Diane estava certa. Na verdade, nós não morremos. Apenas expandimos nosso nível de consciência, como se atravessássemos uma porta e entrássemos num lugar cheio de luz, animado pela atmosfera e música do amor.

Vários meses depois dessa experiência de regressão, Diane estava no hospital, examinando um homem de quarenta e um anos, que sofria de asma. Sentiu uma atração inexplicável por aquele homem, mas procurou ignorar o sentimento e continuou o exame clínico.

Os olhos dele a perscrutaram. Ele também experimentava uma sensação estranha, como se tivesse alguma ligação com aquela enfermeira, uma vaga impressão de familiaridade. Começaram a brincar um com o outro, em grande sintonia.

Quando Diane colocou o estetoscópio em suas costas, para ascultar seus pulmões, ela quase desmaiou. Seu corpo ficou gelado e suas pernas começaram a tremer: abaixo do ombro direito havia um sinal de nascença. Era em feitio de meia-lua.

Ela soube imediatamente que algo extraordinário estava acontecendo. Lágrimas de alegria escorreram de seus olhos.

Ele era divorciado. Sua mulher o traíra várias vezes durante o casamento e o abandonara há alguns anos. Profundamente ferido, ele não pensou em voltar a casar-se, temendo ser traído e sabendo que não suportaria novamente a dor.

Ao contar tudo isso para Diane, ele se perguntou por que confidenciava coisas tão íntimas a essa enfermeira. O que havia nela de especial?

Acredito que esse encontro não foi uma coincidência. Seu amor, sua experiência inacabada em uma existência passada e o plano de vida dos dois impulsionara um em direção ao outro. Suas almas tinham planejado o encontro. Atualmente estão casados e felizes.

Diane perdeu o sentimento de culpa e desvalorização. Nunca

tratei de seu marido, embora desejasse muito fazê-lo. Não porque eu quisesse validar a ligação dos dois em uma vida passada. O reconhecimento das almas, a marca de nascença e a felicidade deles era suficiente. Estavam apaixonados, e o amor não precisa de provas.

Eu gostaria de ajudar a aliviar sua asma. Pois, como descrevi em meus outros livros, a morte por sufocação em vidas passadas freqüentemente se manifesta através de sintomas de asma na vida atual.

Capítulo 4

Removendo obstáculos para a felicidade e para a alegria

"Você sabe tão mais do que os outros. Você entende tão melhor. Seja paciente com eles. Eles não têm o conhecimento que você tem. Espíritos serão enviados para auxiliá-lo. Mas você está indo no caminho certo. Essa energia não deve ser desperdiçada. Você precisa se libertar do medo. Esta será a sua maior arma..."

Somos todos criados à imagem de Deus, e Deus está dentro de cada um de nós. Nossa natureza é predominantemente amorosa, pacífica, equilibrada e harmoniosa. Somos inerentemente solidários e capazes de compaixão. Somos almas.

Durante nossas vidas, uma camada de medo, ódio, tristeza, insegurança e muitos outros pensamentos e emoções negativos começam a desenvolver-se sobre nossa natureza original, acabando por cobri-la. Essa capa externa é intensificada e reforçada pelo que aprendemos em nossa infância e pelas experiências no correr da vida. Parecemos nos tornar o que não somos – pessoas irritadas e amedrontadas, cheias de insegurança, culpa e sentimentos de autodesvalorização. Esquecemos quem realmente somos.

Não precisamos aprender nada sobre o amor e o equilíbrio, sobre paz e compaixão, sobre perdão e fé. Sempre soubemos tudo isso.

Pelo contrário, nossa tarefa é *desaprender* todas as emoções e posturas negativas que atormentam nossas vidas e que trazem a nós, à nossa comunidade e ao mundo tanta tristeza. Quando afastamos esses traços negativos, revelamos nossa verdadeira natureza, nosso próprio ser positivo e amoroso que lá estava, encoberto, ocultado, esquecido,

Surge então nosso verdadeiro eu. Somos almas imortais e divinas, a caminho de casa. Debaixo das camadas de poeira, sempre fomos diamantes.

Desapegar-se do medo, da raiva e de outras emoções negativas é importante para a saúde física e o bem-estar espiritual. Hoje em dia, sabe-se que o estresse mental (que inclui emoções negativas como o medo, raiva, ansiedade crônica e depressão) é uma das causas de doença e da morte. Nossos corpos são intimamente ligados a nossas mentes, e assim nossos estados de espírito facilmente se traduzem em sintomas físicos. O amor pode curar, o estresse pode matar.

O *New England Journal of Medicine*, considerado o melhor periódico médico dos Estados Unidos, publicou, em janeiro de 98, um artigo detalhando o dano múltiplo que o estresse crônico pode causar ao sistema orgânico humano.

Esse artigo relata que o estresse mental provoca a liberação de um complexo sistema de hormônios e outras substâncias no corpo. Quando esses hormônios não são rapidamente desativados, quando o estresse persiste e o corpo continua a produzir essas substâncias químicas, muitos órgãos são expostos a conseqüências nocivas. O estresse provoca uma modificação do ritmo cardíaco, da pressão sangüínea, dos níveis de açúcar no sangue, e aumenta a secreção de cortisona, um poderoso hormônio esteróide.

O estresse também altera a secreção de ácido gástrico, de adrenalina e de outras substâncias químicas muito fortes, cuja produção só deveria ser acelerada em períodos limitados e específicos. O pior de tudo, talvez, é que foi comprovado que o estresse deprime o funcionamento de nosso sistema imunológico, prejudicando nossa capacidade de lutar contra infecções e doenças crônicas, tais como o câncer e a AIDS.

O artigo conclui afirmando que o estresse crônico provoca mudanças fisiológicas prejudiciais, como a resistência à insulina, doenças cardíacas, perda de memória, disfunções no sistema imunológico e osteoporose que enfraquece os ossos, aumentando o risco de fraturas.

Um dos médicos pesquisadores citados no artigo afirma: "Médicos e outros profissionais de saúde podem ajudar seus pacientes a reduzir o risco dessas doenças relacionadas ao estresse, ensinando-os a desenvolver certas habilidades, a reconhecer seus limites e a relaxar."

Dean Ornish, o brilhante cardiologista, pioneiro em estudos sobre os efeitos do estresse nas doenças cardíacas e no câncer da próstata, e autor do livro *Amor & sobrevivência: as bases científicas do poder de cura da intimidade*, diz: "Abrir o coração é fundamental não só para a qualidade de vida como também para a quantidade de vida – o tempo que viveremos... Solidão e isolamento aumentam o risco de doenças e de morte prematura, numa relação de 200 a 500 por cento em relação a outras causas... Quando estamos sozinhos, tendemos a comer demais, a trabalhar e a beber demais, a abusar das drogas ou a adotar outras práticas autodestrutivas..."

De acordo com Ornish, "Amor e intimidade estão na raiz do que nos faz doentes ou saudáveis, do que nos causa tristeza e do que nos traz felicidade, do que nos faz sofrer e do que conduz à cura... Não conheço nenhum outro fator considerado pela medicina – dieta alimentar, fumo, prática de exercícios, ou estresse, causas genéticas, drogas e procedimentos cirúrgicos – que tenha um impacto maior em nossa qualidade de vida, na incidência de doenças ou na ocorrência de morte prematura."

Numa observação pessoal, Ornish disse que conquistar sua própria saúde emocional "nada teve a ver com encontrar a pessoa certa, mas com *ser* a pessoa certa".

Afastar pensamentos e emoções negativas e descobrir a paz interior, alegria e felicidade: esses são os objetivos. Você vai apreciar muito mais a vida. Avançará com mais consciência em seu caminho espiritual. E a sua alma vai se manifestar dentro de um corpo muito mais saudável e infinitamente mais resistente a doenças. Que esplêndida combinação! Mesmo que você ainda tenha resistências em relação às questões ligadas à espiritualidade, não há dúvida quanto aos benefícios físicos que pode obter das práticas e atitudes descritas aqui. Esses benefícios para a sua saúde representam fortes razões para você aceitar as sugestões contidas neste livro. Com o tempo, de alguma maneira, os efeitos físicos aparecerão. Você nada tem a perder e tem tudo a ganhar.

Desapegando-se da raiva

"Em seu crescimento, não tenha medo de despertar a raiva de outra pessoa. A raiva é apenas uma manifestação da insegurança dela. Mas temer essa raiva pode inibi-lo."

A raiva está enraizada no julgamento. Queremos enquadrar os outros em algum padrão que, de alguma forma, fantasiamos, escolhemos e impomos. As pessoas podem nem mesmo ter consciência desses padrões, mas isso não importa para nós.

Freqüentemente as pessoas ficam com raiva porque não correspondemos às suas expectativas. Essas expectativas podem ser tão irreais, que nunca nos será possível satisfazê-las.

Uma paciente minha recordava que, quando era criança, sua mãe costumava aborrecer-se com ela por não ser loura. Uma outra, extremamente extrovertida e exuberante, contou-me que, na infância, seu pai exigia que ela descrevesse grandes tragédias sem mexer com as mãos e sem alterar o tom de voz. E ficava profundamente irritado porque ela não conseguia fazer uma coisa contrária ao seu temperamento.

Traumas na infância produzidos pelas expectativas irracionais dos pais são curados com muita dificuldade. É preciso compreender que o pai (ou a mãe) estava errado ou obcecado por uma ilusão, e essa tomada de consciência não pode ser meramente racional. O coração e as entranhas devem absorvê-la também.

Com delicadeza, faça-se essas perguntas e, sem julgar nem criticar, observe os pensamentos, sentimentos e imagens que vêm à sua consciência:

Quais eram as exigências e expectativas irracionais de seus pais em relação a você? Será que eles queriam descobrir quem você era, ou só sabiam o que queriam que você fosse? Será que eles tentavam viver e realizar seus desejos através de você? Usavam você para impressionar os outros?

Se você sente muita preocupação com as opiniões alheias é sinal de que usaram você dessa maneira. Volto a insistir: procure não se importar com o que os outros pensam a seu respeito, se estiver fazendo o que lhe parece certo ou estiver exercendo sua vontade sem prejudicar ninguém. Livre-se dessa dependência.

A culpa é uma maneira de ter raiva de si, uma forma de voltar a raiva para dentro. De alguma maneira você não correspondeu às expectativas que idealizou a respeito de si e desapontou-se com isso.

A raiva é uma defesa do ego, uma defesa contra o medo. Medo de sofrer humilhação, constrangimento, desvalorização, zombaria, medo de perder prestígio, medo da derrota. Medo de não conquistar seu próprio espaço.

Pensamos às vezes que a raiva nos *protege* contra os outros, contra aqueles que nos fariam mal, contra os que também sentem raiva de nós. Mas a raiva é uma emoção perniciosa e inútil. É sempre dissolvida pela compreensão e pelo amor. Uma mulher no Brasil contou-me essa história muito bonita: sua neta de quatro anos, uma menina especialmente doce e tranqüila, ao ser agredida pela irmã mais velha, dizia-lhe com suavidade: "Não faz isso comigo. Eu sou sua irmãzinha e fico triste." A avó disse-me que essa reação, repetida várias vezes no correr do tempo, estava transformando sua neta mais velha.

Quando uma emoção negativa é compreendida e descobrimos suas causas, a energia que está atrás da emoção diminui e até desaparece. Quando sentir raiva, a medida mais saudável é parar, respirar fundo algumas vezes, tentar descobrir o motivo da raiva, procurar resolver a situação e desapegar-se da raiva.

Todos estamos ligados. Remamos no mesmo barco.

Existe freqüentemente tristeza por baixo de nossa raiva, como se esta fosse um casaco que protegesse nossa vulnerabilidade e desespero. Você já reparou que pessoas apaixonadas são menos sujeitas a sentir raiva? Elas parecem estar em um outro ritmo, do qual a raiva não faz parte. Nem a tristeza. O ritmo do amor pertence a uma espécie diferente, e as ervas daninhas da raiva e do desespero não conseguem crescer por lá.

Quando estamos com raiva, provocamos danos químicos em nosso corpo, que afetam a parede de nosso estômago, nossa pressão sangüínea, os vasos sangüíneos do coração e da cabeça, nossas glândulas endócrinas, nosso sistema imunológico, e assim por diante. Mesmo assim, a despeito dessas conseqüências de ordem física e emocional, nos deixamos tomar pela raiva com muita freqüência sem buscar dissolvê-la.

Além disso, a raiva não é um instrumento eficaz para resolver qualquer questão. Ela perturba a clareza do raciocínio, afeta a tomada de decisão, inviabiliza nossa argumentação e cria uma predisposição negativa no interlocutor.

Mas, apesar disso tudo, empreendemos poucos esforços para afastar a raiva. Somos uma espécie bastante teimosa.

É verdade que a mídia projeta para nós modelos de pessoas raivosas. Rambo está permanentemente com raiva. Acho que ele nunca sorri. O Exterminador do Futuro tinha que estar com raiva o tempo todo, para ser capaz de fazer o que fazia. A grande maioria dos policiais, soldados e outros heróis de ação são forjados no ódio.

Normalmente, o ódio deles é retratado como uma *ira justa*. Algum tipo de injustiça foi cometida contra eles, e isso torna aceitável odiarem e até mesmo matarem.

Essas imagens são um enorme desserviço para todos nós. A raiva deveria ser evitada e não encorajada, pois ela provoca guerras e sofrimento. A raiva nos destrói, seja por meio de nossa química interna, seja por balas disparadas pelo inimigo.

A compreensão e o amor dissolvem a raiva.

Eu reparei que, se alguém me dá uma fechada em Miami, onde moro, isso me deixa com raiva. Quando estou de férias numa ilha do Caribe e alguém faz a mesma coisa, não sinto raiva nenhuma. Minha perspectiva se transforma durante as férias e não tomo a grosseria como uma agressão pessoal. Mas a raiva não é geográfica, a mudança ocorreu dentro de mim. E poderia ter acontecido em Miami.

Desapegando-se do medo e abrindo a sua mente

"Você mantém um relacionamento tanto consigo quanto com outras pessoas. E você já viveu em muitos corpos e em muitos momentos do tempo. Por isso, pergunte a si mesmo por que tem tanto medo? Por que tem medo de assumir riscos razoáveis? Teme por sua reputação, pelo que os outros possam vir a pensar? Esses medos foram condicionados na sua infância ou mesmo antes disso.

Faça a si mesmo estas perguntas: O que posso perder? O que pode acontecer de pior? Sinto-me contente com a possibilidade de viver o resto da minha vida desse modo? Se a morte é uma realidade inevitável, isso será tão arriscado?"

As paredes que erguemos à nossa volta, quando nos sentimos emocionalmente ameaçados, são feitas de medo. Tememos ser feridos, rejeitados, abandonados. Somos ameaçados por nossa vulnerabilidade e nos emparedamos para nos proteger de nossos próprios sentimentos. Suprimimos, assim, nossas emoções.

Há vezes em que rejeitamos a pessoa ou as pessoas que nos ameaçam, antes mesmo que elas nos rejeitem. Nós as recebemos com uma agressão. Dessa forma, achamos que elas não podem nos ferir, não podem nos rejeitar, porque *nós* as rejeitamos primeiro.

Quando bloqueamos nossas emoções e sentimentos, nos tornamos incapazes de entender a fonte de nosso sofrimento, as vulnerabilidades e os medos subliminares. Não conseguimos nos curar, deixamos de ser uma pessoa inteira.

"...a experiência transcende a crença. Ensine-os a viver as experiências. Remova o medo que sentem. Ensine-os a amar e a ajudar uns aos outros..."

Feche os olhos e respire fundo algumas vezes. Deixe as suas paredes desabarem. Examine sem julgamentos, críticas ou culpas a razão pela qual você se fecha. Qual é o seu medo? Do que você está se protegendo? O que você pode fazer para curar esse medo? Como você pode se tornar uma pessoa inteira, outra vez?

Quando tiver tomado consciência do seu medo, e compreendido suas origens, ele se dissolverá. E seu coração estará aberto outra vez. Você sentirá uma grande alegria.

Numa sessão de regressão realizada com um grupo bastante grande, Mike experimentou, pela primeira vez, uma recordação de vida passada. Naquela existência, ele fora um líder religioso muito instruído e se viu fazendo uma preleção sobre os aspectos masculino e feminino de Deus. Depois dessa regressão, Mike quis descobrir mais a respeito dessa existência passada e tentar recuperar um pouco mais do seu conhecimento sobre religião. Fizemos então uma sessão individual que foi gravada.

Como já disse, a mente subconsciente parece ter suas prioridades e sua vontade própria. Com freqüência, ela não responde às minhas sugestões ou mesmo aos desejos do paciente. Ela vai para onde sente necessidade de ir, não necessariamente para onde queremos que ela vá.

Assim, num transe profundo, Mike viu-se numa existência diferente, na Inglaterra, muitos séculos atrás. Ele voltava da guerra. Aparentemente, necessitava aprender desta sua existência anterior lições mais importantes do que a do líder religioso.

– Eu estou... de pé, do lado de fora de um muro de pedra... ele se estende por todo o campo, abaixo. Há uma grande árvore no outro lado... acabei de voltar para casa da guerra... estou feliz de estar ali, feliz de ver essa terra outra vez... e o meu amigo...

Mike prosseguiu falando da alegria de encontrar o amigo com quem costumava partilhar seus planos de vida. Descreveu-o com a precisão de detalhes que sempre me surpreende.

– E como você se sente, voltando da guerra?

– Ótimo! – Mike respondeu prontamente – Porque eu estou vivo, e agora posso ir em frente e viver feliz perto da minha mãe, do meu pai e do meu amigo.

Fiz com que avançasse no tempo, para descobrir o que havia acontecido com esse jovem que estava tão feliz ao retornar para casa da guerra.

– Moro num castelo, no alto de uma colina... e... ele está deserto. Foi tomado, enquanto eu estive fora... minha mãe morreu, meu pai está aprisionado em algum lugar...

– O que está acontecendo com você? Você sabe?

– Estou tão cansado de lutar... Mas acho que vou ter de fazer isso, porque é o que esperam de mim. Acho que todos confiavam que eu voltaria e que os ajudaria...

Eu o fiz avançar até o final daquela existência.

– Está tudo como eu esperava que estivesse, quando voltei para casa. E agora todos se sentem felizes, porque estamos juntos outra vez, todos recuperaram os bens que tinham perdido e a ordem se restabeleceu.

Aquela sua existência encerrou-se de forma satisfatória. Quando ele flutuou para fora do corpo, depois de sua morte, perguntei-lhe se aprendera lições naquela sua vida. Ele me respondeu num tom de voz pacífico e sonhador:

– Algo sobre honra. Sobre perseguir os seus objetivos e não ter medo disso... e acreditar que tudo vai funcionar, enquanto você seguir o seu coração... e também sobre a importância da amizade...

Esse tipo de conhecimento era necessário para Mike e é importante para todos nós. Siga o seu coração, sem medo. O medo nos impede de entender e de seguir nosso destino. Mesmo que uma coisa pareça não estar funcionando, de início, no nível físico, sempre vai acabar funcionando no nível espiritual e eventualmente também no físico, se não nesta existência, numa próxima.

E um amigo, uma alma gêmea, é um tesouro.

Se a sua mente está fechada, você não pode aprender nada novo. Mentes fechadas rejeitam tudo o que é diferente, tudo o que entra em conflito com suas antigas crenças, mesmo que essas possam estar equivocadas. Pessoas com mente fechada esquecem que a experiência é mais importante do que a crença. E o medo é a força que mantém a mente fechada. Só uma mente aberta pode receber e processar um novo conhecimento.

Minha mente estava muito fechada, antes da minha experiência com Catherine. Assim, sei o quanto pode ser difícil permitir-se abrir a mente para novas possibilidades. Pedi a Carole que escrevesse o relato abaixo, para ilustrar como a minha mente estava fechada para uma importante via de entendimento entre nós.

É Carole quem conta:

"Estávamos casados há pouco menos de dois anos quando recebi um telefonema informando que meu pai havia falecido subitamente, de infarto. Apressadamente, fizemos as malas e dirigimos por mais de 300 quilômetros, de nossa residência em Connecticut até a casa dos meus pais, na Pensilvânia. Embora meu pai tivesse um histórico de problemas cardíacos, estava apenas com 53 anos e ninguém esperava sua morte.

"Depois do funeral, Brian voltou para a escola de medicina e eu fiquei com a minha mãe por mais ou menos uma semana. Meus pais possuíam uma pequena e charmosa casa em Cape Cod. Havia dois aparelhos de telefone, um no andar de baixo, o outro no quarto que ocupei. Poucos dias depois de Brian ter ido embora, fui acordada durante a noite pelo toque do telefone no quarto. Atendi muito rápido e escutei o inconfundível tom baixo da voz do meu pai. Ele perguntou: 'Como está todo mundo?' Muito chocada, eu respondi: 'Ficamos muito tristes com a sua morte, papai, mas acho que estamos bem.'

"Então, ele perguntou o que minha mãe havia decidido fazer sobre seu negócio. Meu pai possuía um ferro-velho, e minha mãe não tinha a menor idéia de como tocá-lo. Na verdade, ela raramente aparecia por lá. No entanto, em meio à dor, ela não conseguia pensar em se desfazer de nada do seu querido Benjy e havia decidido manter o ferro-velho. Contei isso ao meu pai e acrescentei que muitos dos seus amigos (que tinham empreendimentos similares) haviam se disposto a ajudar, dando conselhos. Ele disse que ela deveria fazer o que achasse melhor, mas que não precisava manter o negócio.

"E então, ele falou: 'Diga a todos que eu os amo e que estou bem. Mas não vou procurar vocês outra vez.'

"Desliguei o telefone com lágrimas escorrendo pela minha face. Estava completamente desperta e, embora tivesse sido um acontecimento muito estranho, eu *sabia* que fora de fato o meu pai conversando comigo. Foi muito reconfortante escutar a voz dele, mas fiquei bastante triste porque não iria mais vê-lo.

"Na manhã seguinte, perguntei a minha mãe e a minha irmã se haviam escutado o telefone tocar. Nenhuma das duas escutara nada, e assim hesitei em contar a elas sobre a minha experiência. Minha mãe disse, então, que estava dormindo, mas que sentiu alguém escrever 'eu te amo' nas costas de sua mão. Quando meus pais estavam num jantar com outras pessoas, num cinema, ou em algum lugar do gênero, meu pai, sutilmente, costumava escrever essas palavras na mão de minha mãe. Ela *sabia* que ele a havia visitado naquela noite. Foi então que lhes transmiti a mensagem dele.

"Retornei para Connecticut alguns dias mais tarde. A lembrança do telefonema ainda me assombrava. Mas não contei nada a Brian sobre isso. Qualquer coisa que cheirasse a paranormalidade era rejeitada por ele. E o que havia acontecido era tão importante para mim, que eu achei que não iria conseguir suportar suas explicações racionais. E assim este tornou-se o único segredo em nosso relacionamento.

"Foi apenas há alguns anos, logo depois da experiência de Brian com Catherine, que lhe falei sobre o telefonema daquela noite. Por essa época, ele já havia reunido uma vasta biblioteca sobre o assunto. Depois de me escutar atentamente, ele fez sua cadeira girar e alcançou um livro na estante, mostrando-me o título: *Telefonemas dos Mortos.*"

Já falei sobre este fato, mas acho importante repeti-lo:

Em novembro de 1992, fiquei sabendo que a Igreja, finalmente, inocentou Galileu da acusação de sua *satânica heresia*, ou seja, de afirmar que a Terra não era o centro do universo. A investigação sobre Galileu, que levou à decretação de sua inocência, demorou doze anos e meio.

Fiquei surpreso, porque presumia que Galileu fora inocentado em 1722, quando Newton provou que ele estava certo. Mas não, Galileu ainda ficou de castigo 360 anos depois de sua descoberta. Vejam como leva tempo para as mentes se abrirem.

"Você precisa erradicar os medos de sua mente. Quando o medo está presente, há um desperdício de energia. É o que impede as pessoas de realizarem o que vieram fazer nesse mundo... É apenas na superfície... que estão os problemas. É no fundo de sua alma, onde as idéias nascem, que você precisa chegar até eles."

Durante o intervalo de um *workshop*, uma mulher entregoume um bilhete. Era sobre superar o medo, e eu não poderia escrever a respeito disso melhor do que ela:

"Sempre *soube* e *vi* em sonho que morreria aos 42 anos de idade. Uma amiga a quem confidenciei isso recomendou-me o seu livro, *Muitas vidas, muitos mestres*, porque quanto mais próxima dos 42 anos eu chegava, mais medo sentia, por causa dessa minha *vívida* experiência de morte.

"Enquanto lia o livro, precisava colocá-lo às vezes de lado, porque continuava visualizando meu *sonho*, além de outros que me atormentavam. Quanto mais eu lia, mais respostas obtinha. Toda vez que um parágrafo me dizia alguma coisa, eu me sentia um pouco mais leve, até que me dei conta de que meus sonhos torturantes eram memórias de vidas passadas.

"Depois de ler o livro, encontrei-me com a minha amiga e seu primeiro comentário foi que eu parecia ter tirado um enorme peso dos ombros.

"Hoje faltam dois meses para eu completar 45 anos e o peso tornou-se muito mais leve. Obrigada."

Uma mulher relatou-me uma experiência de quase morte muito marcante e nítida que tivera anos antes. Algum tempo depois disso, ela foi convidada por uma tevê local, que iria transmitir um programa especial sobre experiências de quase morte. No programa, ela descreveu em detalhes sua experiência pessoal.

Um outro convidado do programa, um psiquiatra cético chamado para *equilibrar* o painel apresentado, disse a ela, num tom autoritário, que a sua experiência não fora real nem válida e que se tratava apenas de uma reação química do cérebro.

– Que arrogância! – comentei, quando ela me contou a história. – Ele não sabe nada sobre a riqueza das imagens que você encontrou, nada sobre a emoção com que você viveu a experiência e muito menos sobre a importância das mensagens que você recebeu. E mesmo assim desqualifica toda a experiência, classificando-a de uma reação química.

– Não – ela me corrigiu docemente. – Não era arrogância, era medo.

É claro que ela estava certa. A arrogância é simplesmente a outra face do medo. Se o medo não estiver presente, não há necessidade de arrogância.

Entendi que essa era uma importante lição para mim. Deixei minha atitude crítica evaporar-se na luz da compreensão.

Perdão não significa esquecimento. Significa compreensão.

Desapegando-se da insegurança

"Lembre-se", disse a voz, "que vocês sempre são amados. Vocês são sempre protegidos e nunca estão sozinhos...Vocês serão sempre seres iluminados pela sabedoria e pelo amor... nunca serão esquecidos. Nunca serão desdenhados ou ignorados. Vocês não são os seus corpos, não são os seus cérebros, nem mesmo sua consciência. Vocês são espíritos. Tudo o que precisam fazer é despertar de novo para essa lembrança e recordar. O espírito não tem limites, nem os limites do corpo físico nem os do intelecto e da mente."

Um de nossos maiores problemas é estarmos sempre preocupados com resultados. Essa preocupação cria uma ansiedade desnecessária, medo e infelicidade.

A ansiedade tem a ver com nosso desempenho. E se o nosso desempenho não for satisfatório? E se fracassarmos? O que os outros vão pensar? Vão nos julgar severamente e nos punir?

O medo aqui relaciona-se com deixar de realizar a meta ou o objetivo desejados. Se falharmos, não vamos conseguir o que queremos. Vamos nos tornar uns fracassados, uns perdedores. Seremos rejeitados. Odiaremos a nós mesmos. Ódio e medo são o oposto do amor.

Em vez de se preocupar com resultados específicos, preocupe-se em agir corretamente. Aja de maneira desprendida! Espere o melhor.

A esperança é uma coisa boa. A expectativa, não, porque, quando ela se apresenta, o desapontamento está sempre muito próximo.

Durante minha meditação, certa manhã, uma mensagem muito nítida e poderosa surgiu em minha mente:

"Amem-se uns aos outros, de todo o coração, e não temam, não se contenham. Quanto mais derem, mais receberão."

"Você anseia pela ilusão da segurança, em vez de buscar a segurança da sabedoria e do amor."

O dinheiro é uma coisa neutra. Nem bom nem mau. O que importa é o que fazemos com ele. Podemos usar o dinheiro para ajudar quem necessita ou podemos escolher usá-lo egoisticamente, desperdiçando a oportunidade de ser generosos. A escolha é nossa, e todas as lições serão, cedo ou tarde, aprendidas.

Dinheiro e segurança são coisas diferentes. Segurança só pode vir de nosso interior. É uma coisa espiritual, não terrena. Dinheiro é terreno. Não se pode levá-lo, quando partirmos daqui.

Podemos perder tudo da noite para o dia, se este for nosso destino ou a lição que precisamos receber. A segurança vem de uma paz íntima e do conhecimento da nossa essência verdadeira, que é espiritual. Nunca podemos ser feridos, porque somos imortais e eternos, porque somos seres espirituais, não corpos físicos. Porque nunca estamos sós. Porque Deus e todo um exército de espíritos amorosos nos protegem. Porque somos todos uma mesma essência.

E não há necessidade de ter medo. De fato, essa verdade é o segredo de nossa segurança e da nossa alegria.

"Amem-se uns aos outros, de todo o coração, não temam, não se contenham. Quanto mais derem, mais receberão."

A regressão de Tom à Inglaterra do século XIX foi bastante detalhada. Ele descreveu a si mesmo, sua casa e as circunstâncias de sua vida de maneira pausada e sem lacunas.

Em sua vida atual, ele tinha medo de perder o que possuía. Não acontecera nada que justificasse esse seu sentimento, pelo menos não nesta sua existência.

Em sua vida anterior, na Inglaterra, ele sentira muita insegurança. Descreveu um campo viçoso, colinas arredondadas e árvores antigas, muito grandes...

– Sou um proprietário de terras... quarenta e poucos anos... mas não pertenço à classe mais alta... Minha casa parece uma propriedade rural. Tenho esposa e dois filhos.

– O que o levou a essa época? – perguntei.

– Sou bem-sucedido, vivo confortavelmente, bem estabelecido... e mesmo assim sinto certa ansiedade, porque não pertenço à classe dirigente e, por alguma razão, sinto-me inseguro, porque acho que eles podem tirar tudo o que possuo e eu ficarei sem nada.

Fiz com que avançasse no tempo, para o próximo evento significativo naquela vida.

– Está acontecendo um incêndio no estábulo – ele informou, nervoso. – É muito violento e estou tentando salvar os animais... um par de cavalos... foi o que pude salvar... acho que a casa também pegou fogo.

– O que aconteceu?

– Meus filhos estão fora, mas acho que minha mulher morreu... – ele sussurrou, tristemente.

– Como você se sente? Pode se lembrar de tudo agora.

– Estou desesperado...

– Como o fogo começou?

– Acho que alguém botou fogo... – Ele fez uma pausa.

– Você sabe quem foi?

– Há umas pessoas na vila... acho que é porque sou judeu...

Novamente, um profundo silêncio.

Depois do incêndio que matou a sua esposa, ele deixou a Inglaterra e veio para a América, mas sua tristeza o acompanhou e ele tornou-se muito fechado.

Eu o conduzi à frente no tempo, para o último dia daquela existência.

– Estou em minha cama, sou velho... Meus dois filhos têm suas famílias... Ainda me sinto um estranho nessa terra nova... mas estou pronto para partir...

Ele morreu e abandonou seu corpo.

– Estou compreendendo... Tenho ainda esse sentimento de ter sofrido uma injustiça por conta de uma coisa que sou, não por algo que fiz.

Ele tomou consciência de que o ódio e o preconceito podem produzir terrível sofrimento e violência. Mas também havia uma lição positiva.

– Meus filhos... o amor deles... aquele sentimento familiar... Isso me serviu de consolo.

Tom, que não é judeu em sua vida atual, descobriu muito mais do que as raízes de sua insegurança e de seu sentimento de perda. Ele aprendeu que o amor é um alívio para a dor.

Não era missão de Tom, naquela vida passada, punir nem julgar aqueles que incendiaram sua casa e mataram sua esposa. O carma, a lei divina, tomaria conta disso. A missão de Tom foi compreender e perdoar. É essa a função do amor.

Uma mensagem me despertou do sono. "Você é um marceneiro, construindo seu lar espiritual", eu escutei. "Quantos martelos são necessários para construir sua casa espiritual? Será que uma centena deles é melhor do que um único e perfeito martelo? O que importa é a qualidade da casa, não quantos martelos o marceneiro tem."

Gastamos tempo demais tentando acumular martelos e não dedicamos tempo suficiente à construção de nosso lar espiritual.

Às vezes nossa família biológica não é a nossa verdadeira família. Nossos pais ou outros parentes podem não nos compreender. Podem mesmo não manifestar amor e carinho por nós. Podem rejeitar-nos e maltratar-nos cruelmente. Não somos obrigados a suportar o maltrato ou o desrespeito. Não há débitos a serem saldados que justifiquem os maltratos de ninguém. Merecemos ser amados e respeitados.

À medida que crescemos, podemos nos ver cercados de amigos e de pessoas que tenham por nós um carinho genuíno, que nos propiciem a segurança que vem da certeza de sermos amados e tratados com dignidade e respeito. Esses amigos e entes queridos se transformam na nossa verdadeira família. Eles também podem compartilhar conosco dos mesmos valores espirituais e nós podemos ajudá-los a evoluir positivamente. Essas pessoas serão a nossa família espiritual. Se formos rejeitados por nossa família biológica, a família espiritual nos acolherá, cuidará de nós e se tornará a família que realmente importa.

Há um velho ditado inglês que diz que o sangue é mais espesso do que a água. Isto significa que, em tempos difíceis, nossos amigos e conhecidos podem se afastar, mas que poderemos sempre contar com aqueles que têm o nosso sangue para apoiar-nos.

O sangue é de fato mais espesso do que a água, mas o espírito é mais espesso do que o sangue. Poderemos sempre confiar em nossa família espiritual para estar ao nosso lado.

Não estou dizendo para abandonarmos nossa família de origem ou para deixarmos de manter com ela uma relação amorosa e solidária. Mas insisto na importância de ficarmos atentos para não sofrer violência ou desrespeito físico e emocional. É inadmissível pensarmos que o desrespeito pode ser tolerado porque vem de alguém da família, da comunidade ou do grupo religioso.

Ame a si tanto quanto ama os outros. Merecemos ser amados, apoiados, respeitados. Se a família biológica nos trata assim, é ótimo. Se não, e se os nossos esforços para alertá-la e fazê-la mudar de atitude falharem, devemos abandoná-la e procurar outra família, nossa familia espiritual.

Capítulo 5

Como o entendimento cura

"Tudo é amor... Tudo é amor. Com o amor, vem a compreensão. Com a compreensão, vem a paciência. E então o tempo pára. E tudo é agora."

As regiões mais profundas de nossas mentes não estão sujeitas às leis normais do tempo. Eventos ocorridos muito tempo atrás podem nos afetar como se estivessem especialmente próximos. Velhas mágoas influenciam nosso estado de espírito, como se tivessem sido infligidas ontem mesmo, e, às vezes, o seu poder cresce com o passar dos anos.

O entendimento pode ajudar a curar esses traumas antigos. Já que a região mais profunda da mente não está sujeita às limitações usuais de tempo e de espaço, acontecimentos do passado podem ser reformulados e reelaborados. Causa e efeito não estão inextrincavelmente ligados. Traumas podem ser desfeitos e os efeitos nocivos revertidos. Uma cura profunda pode ocorrer, mesmo que uma longa distância e muitos anos nos separem da dor e da mágoa.

Assim como o amor traz uma cura profunda para os nossos relacionamentos, o entendimento traz uma diminuição do medo. O entendimento abre uma janela através da qual o amor, como uma brisa suave, sopra para longe nossas dúvidas e ansiedades, refrescando nossas almas e alimentando nossos relacionamentos.

Freqüentemente, nossos medos se ligam a eventos ocorridos no passado, em algum momento desta vida ou em existências passadas. Porém, como mergulhamos no esquecimento, projetamos esses medos para o futuro. Mas aquilo que tememos, na verdade, não existe mais. Tudo o que precisamos fazer é recordar, despertar para o passado.

Uma jovem da América do Sul me escreveu relatando sua tomada de consciência e a cura que resultou daí.

"Li todos os seus livros e fiquei bastante impressionada com as histórias de vidas passadas contadas pelas pessoas e como a regressão pode curar fobias. Quero dividir com você a minha própria experiência. Desde que conheci o meu namorado e que começamos a sair juntos (há um ano e três meses), eu me sentia apavorada, pensando que podia perdê-lo. A idéia de suicídio chegou a passar pela minha cabeça. O pior é que ele nunca me deu nenhuma razão para ter esses pensamentos e me mostrou de várias formas que me ama de verdade. Um dia em que estava me sentindo péssima, disse a mim mesma que aquilo tinha de terminar.

"Então, peguei uma fita com o exercício de regressão tendo um objetivo definido: descobrir por que estava com tanto medo.

"Depois de algumas tentativas, pude me ver numa estrada, sob as estrelas. Estava no ano de 1679, na França. Eu era francesa e meu nome era Marie-Claire. Tinha por volta de vinte anos de idade e era muito bonita, com cabelos longos e negros. Usava uma roupa esfarrapada, marrom, e calçava sandálias. Isso me deu a idéia de que eu era muito pobre. Tinha um bebê nos braços e chorava convulsivamente. Então, vi outra pessoa e reconheci o meu namorado na vida atual. Seu nome era Pedro, ele era espanhol, com cerca de 40 anos, muito alto e magro. Estávamos juntos e aquele era o nosso bebê. Ele também chorava muito. Então, dois soldados entraram na cena e o afastaram de mim. Eu o vi estendendo a mão em minha direção e gritando para os guardas o largarem.

"Foi isso tudo o que vi, porque fiquei abalada demais e abri os olhos...

"No entanto, o mais incrível foi o que senti depois. Eu queria gritar de felicidade e rir muito. Sentia-me tão livre, tão purificada por dentro! E o melhor é que, desde então, não derramei mais uma lágrima sequer por causa do meu namorado, e todos aqueles sentimentos horríveis desapareceram. Nosso relacionamento está muito melhor agora... e espero que essa nova terapia seja aceita por TODOS muito em breve!"

Eu também espero, se bem que me dou conta de que é mais do que uma terapia. É uma compreensão de como a vida funciona e de como os nossos relacionamentos são renovados. É a compreensão do fato de que nunca realmente perdemos nossos entes queridos. Aqui estão essas duas pessoas, trezentos anos depois, vivas e saudáveis em novos corpos, começando a compartilhar suas vidas e a amar outra vez.

É essa compreensão o que cura, e através da compreensão o amor é eternamente renovado, voltando sempre a se manifestar.

Esse casal não se reencontrou por acaso nem por coincidência. O destino delicadamente traçou a redescoberta do amor deles. Antes de renascerem nos seus corpos de hoje, eles concordaram em se encontrar em certo momento de suas vidas. Então, eles se reconheceriam num nível mais profundo, como almas que têm se acompanhado através do tempo, e tomariam decisões sobre o futuro de seu relacionamento nesta encarnação.

Poderiam o seu ego, sua mente lógica, moldados pela família e pela sociedade, interferir nessa consciência dos corações, despertada pelo encontro com a sua alma gêmea? Ou seus corações seriam mais fortes, superando os obstáculos criados pela mente consciente?

Determinados medos e padrões voltaram à tona; no caso dessa mulher, um medo *irracional* em relação a uma indesejada e trágica separação ocorrida há três séculos, na França. Mas como ela não recordava o evento do passado, apesar de a sua mente inconsciente ter conhecimento dele, ela temia que o mesmo acontecesse de novo agora ou no futuro.

Uma de suas tarefas cármicas era superar o medo da separação, por meio da compreensão de que o amor é uma energia absoluta, que o amor nunca termina, nem mesmo com a morte dos corpos físicos. Sempre nos reencontramos com aqueles que amamos, neste ou no outro lado.

Sua alma sabia disso, mas, quando nasceu nesta existência, ela havia esquecido a ligação com seu namorado em sua existência passada. Sua tarefa era recordar a imortalidade do amor, para deixar que esse conhecimento vencesse seus medos.

Esse conhecimento brotou de sua alma e do seu coração, penetrando em sua mente consciente, quando ela escutou a fita de regressão e recordou sua existência na França. Ao dominar o conhecimento em todos os níveis, imediatamente desapegou-se do medo antigo e presente.

Agora, ela poderia amar livremente. Não precisava se conter, temendo a perda de seu amado.

E é assim que funciona. Antes de nascermos, ajustamos e organizamos essas oportunidades de aprendizado, os pontos do destino que nos ajudarão a compreender, abraçando o amor e abandonando o medo. Somos ajudados por energias divinas, espirituais, a planejar essas lições. Como já afirmei, algumas sensações de *déjà vu* representam a vaga lembrança do planejamento feito antes do nascimento, quando se tornam realidade no estado físico, no momento e lugar predeterminados, durante o decorrer de nossas vidas. Nós recordamos. É extremamente importante prestar muita atenção nas coincidências, nas sincronicidades e nas experiências de *déjà vu*, porque representam, com freqüência, a convergência entre o nosso planejamento espiritual e o caminho que percorremos em nossa existência presente.

Quando recordamos, seja por meio de lembranças de vidas passadas, sonhos, sensações de *déjà vu*, coincidências e sincronicidades, espontaneamente, durante momentos espiritualizados, eventos místicos, ou seja por que meio for, começamos a compreender.

Ao compreender, afastamos os medos.

Ao afastarmos os medos, os obstáculos desaparecem e o amor flui livremente em nosso íntimo, entre nós e os outros.

Muitas vezes me perguntam como podemos saber se uma lembrança é real ou se é imaginação ou fantasia. Em certo sentido – para efeitos terapêuticos –, isso parece não ter importância. As pessoas sentem-se melhor, seus sintomas desaparecem. Não importa nem mesmo se o paciente ou o terapeuta acreditam em vidas passadas.

Mas, como médicos e cientistas, gostaríamos mesmo é de saber o que é ou não real e como diferenciar recordações verdadeiras de fantasias.

Algumas vezes, isso é fácil. A capacidade de falar línguas estrangeiras que a pessoa nunca aprendeu é provavelmente indício de uma recordação legítima de uma vida passada. Ou de que a pessoa tenha um enorme poder paranormal. A articulação dessa capacidade com vidas passadas normalmente se torna nítida durante a regressão. Uma pessoa que demonstre detalhado conhecimento de um período particular da história que nunca tenha estudado está provavelmente tendo uma lembrança de vida passada.

Há nas lembranças de vidas passadas outras características que lhes conferem autenticidade. Elas são mais vívidas e nítidas do que as fantasias. A pessoa se sente emocionalmente muito mais envolvida e a cena se desenrola como em um filme, com situações que parecem familiares. Essas situações reproduzem de certa forma temas e problemas da vida atual. Esses problemas, e seus sintomas, uma vez vivenciados nas lembranças, tendem a diminuir ou resolver-se. A cena tem vida própria e não é alterada por sugestões do terapeuta. E os detalhes tornam-se mais nítidos à medida que as lembranças se repetem.

Outra dúvida freqüente é se as memórias de vidas passadas vêm de nossos genes ou cromossomos, o material genético ou reprodutivo que herdamos de nossos pais, que por sua vez o herdaram dos pais deles, e assim por diante, recuando até nossos mais remotos ancestrais.

Embora algumas lembranças possam de fato ser transmitidas por meio de nossos genes, eu não acredito que a maioria das lembranças de vidas passadas surja dessa maneira. Há muitas razões para pensar o contrário:

1. Muitos dos meus pacientes recordaram existências nas quais morreram ainda crianças ou sem filhos, nunca tendo transmitido qualquer material genético. As recordações dessas existências sem filhos são geralmente muito detalhadas e vívidas.

2. A especificidade das recordações pode ser marcante. Um paciente lembrou-se de uma cena num campo de batalha da Idade Média e viu-se como um soldado ferido de morte. Os ferimentos desse soldado correspondiam a um incômodo físico do paciente, que foi solucionado depois que a lembrança da vida

passada aconteceu. Não se pode esperar um grau tão preciso de especificidade em lembranças genéticas.

3. Muitas lembranças provêm de uma experiência externa ao corpo físico, quando não existe material genético. No exemplo acima, algumas lembranças remontam a um momento posterior à morte física, quando o soldado se encontrava flutuando acima de seu corpo, observando a cena abaixo dele. Ele via o corpo que acabara de deixar, as condições em que estava e os ferimentos que havia recebido, assim como assistia à cena de batalha e tudo o que estava acontecendo com o transcorrer da luta. Durante esse exame de um ponto acima do seu corpo, ele continuava experimentando emoções e tendo pensamentos.

Não precisamos acreditar em reencarnação para que a terapia de vidas passadas funcione.Você pode acreditar que tudo não passa de uma metáfora. As imagens continuam ricas e detalhadas e preservam o poder terapêutico, independente de sua crença.

Recordando:
A chave para a felicidade nesta vida

"Estar em estado físico é anormal. O natural para você é estar em estado espiritual. Quando somos mandados de volta, é como retornar a alguma coisa que não conhecemos. Vai levar mais tempo. No mundo espiritual, você precisa esperar, e então será renovado. Há um estado de renovação. É uma dimensão como as outras, e você já quase conseguiu atingir esse estado..."

"Há espíritos à nossa volta?"

"Há sim... muitos espíritos. Eles só vêm quando querem... Todos somos espíritos... alguns em estado físico e outros em um período de renovação. Outros são guardiões. Mas todos iremos para lá. Já fomos guardiões também."

Recordar que somos almas, que somos imortais e que existimos sempre, num vasto oceano de energia, é a chave para a alegria e para a felicidade. Nesse oceano energético, uma legião de espíritos-guia nos levam a seguir o caminho a que estamos destinados, nossa jornada de evolução até a consciência de Deus. Não estamos competindo com outras almas. Temos nosso próprio caminho e elas têm o delas. Não há disputa, somos companheiros de jornada cooperando, dirigindo-se para a luz da consciência. Almas mais avançadas ou evoluídas voltam por amor e compaixão para ajudar aquelas que estão mais atrás. A última alma a completar a jornada não vale menos do que a primeira.

Um problema peculiar desta escola que chamamos de Terra é que aqui é muito difícil lembrar que somos almas e não corpos físicos. Constantemente somos distraídos pelas ilusões e desilusões deste planeta tridimensional. Ensinaram para nós que dinheiro, poder, prestígio e bens materiais são extremamente importantes e mesmo o objetivo de nossas vidas. Ensinaram que devemos conquistar o afeto dos outros e seu respeito, para sermos felizes. E nos disseram que ser sozinho é ser infeliz.

Na verdade, somos criaturas imortais que nunca morrem e que nunca são separadas daqueles que amamos. Temos almas gêmeas e famílias espirituais eternas. Somos sempre guiados e amados por nossos espíritos-guia. Nunca estamos sós.

Não levamos nossas *coisas* conosco, quando morremos. Levamos nossas ações, frutos da sabedoria de nossos corações. Quando despertamos outra vez para o conhecimento de que somos criaturas espirituais, nossos valores se modificam e finalmente podemos conquistar a paz e a felicidade. Qual a diferença entre nós, nessa vida, se você é rico e eu não sou? Apenas os tesouros do espírito podem nos acompanhar. Qual a diferença se você é poderoso e famoso e eu não sou? A felicidade não está enraizada nem no poder nem na fama, mas apenas no amor. Qual a diferença se você é mais estimado e respeitado pelos outros do que eu? Talvez eu esteja ousando viver a verdade e a verdade raramente é popular. A felicidade vem do íntimo, não de fora de nós, não da preocupação sobre o que pensam a nosso respeito.

Assim, o seu objetivo é recordar e redescobrir. Talvez, alguma história ou algum parágrafo deste livro estimule a sua memória, ative o seu despertar, faça brotar a sua consciência. Parafraseando a fala mais famosa de um dos filmes de Clint Eastwood, isso me faria "ganhar o dia".

A maneira mais fácil de recordar é através da hipnose. As lições são apreendidas numa perspectiva mais alta, os sintomas diminuem e a compreensão espiritual é bastante acelerada.

A experiência de Nancy ilustra este processo:

Nancy participava de um *workshop* de três dias que conduzi no Omega Institute, um centro de aprendizado holístico em Rhinebeck, Nova York.

Ela se apresentou para uma regressão, diante de um grupo grande. Eu a escolhi por sentir que ela poderia se beneficiar com uma regressão individual, na qual eu faria perguntas e orientaria o processo com mais especificidade.

Como se tratava de uma voluntária e não uma paciente, a regressão foi uma demonstração da técnica e não uma sessão de terapia. No entanto, quando uma pessoa entra em relaxamento profundo combinado a um estado intenso de focalização da consciência, pode acontecer uma cura. Para Nancy, ali estava uma chance de cura, de aprendizado e de crescimento.

Expliquei-lhe em particular o procedimento que estaríamos seguindo. Havia decidido utilizar uma técnica de indução rápida. Com esse método, eu poderia conduzir Nancy a um estado hipnótico profundo em menos de vinte segundos.

– Muito bem, Nancy, ponha a sua mão direita sobre a minha, mantenha os olhos nos meus. É só seguir as orientações, certo?

Ela assentiu.

– Ótimo! Daqui a pouco, vou contar até três. Quando eu chegar a três, pressione sua mão para baixo com força. Você vai me sentir pressionando sua mão para cima. Mantenha seus olhos fixos nos meus e siga todas as orientações. Um... dois... três. Seus olhos estão ficando pesados, estão se fechando, você está com sono, os olhos quase fechados, dormindo... Agora, deixe que se fechem, deixe... *durma!*

Rapidamente, puxei minha mão, e ela imediatamente caiu num transe profundo. Então, com o emprego de várias técnicas apropriadas, aprofundei ainda mais seu transe e pedi que lembrasse, vivenciasse e relatasse um episódio feliz de sua infância. Depois de alguns momentos de silêncio, ela começou a falar:

– Minha primeira comunhão. Estamos dentro de um carro e o meu avô está nos levando para tomar sorvete. Todos estão voltados para mim e eu me sinto muito animada.

Ela sorria, radiante.

– Quantos anos você tem, aproximadamente?

– Seis – ela respondeu, sem hesitar.

– Pode ver o que está vestindo?

Descreveu em detalhes a roupa que usava, sempre transmitindo uma sensação de intensa alegria.

– Pode ver as outras pessoas que estão com você?

Referências visuais são sempre importantes.

– Posso. Minha avó, minha mãe, minha irmã e meu irmão. Estamos andando de carro. Meu irmão e minha irmã estão no assento de trás, junto comigo.

Agora que eu tinha certeza de que era uma lembrança feliz, decidi acelerar a cena e conduzi-la mais para trás no tempo.

– É uma lembrança maravilhosa e você sabe tudo o que aconteceu depois desse momento. Quero que guarde, mesmo depois de despertar, essa lembrança tão feliz, a sensação de gostar de você mesma, de sentir-se amada. Porque isso não acontece apenas uma vez, nem apenas em um dia especial. Você pode amar a si mesma todos os dias. Cada dia pode ser um dia especial para você. É só lembrar os sentimentos felizes daquele dia e trazê-los para o presente, que você ficará feliz, hoje. Você é capaz de trazer isso tudo com você. Tudo bem?

Ela assentiu, como se tivesse absorvido intensamente a lição de amor.

– Você está pronta para voltar mais para trás no tempo?

Novamente, ela concordou.

– Flutue agora acima dessa cena e deixe que ela comece a se apagar. Você levará consigo todas as lembranças felizes e a auto-estima, mas deixe que a cena se apague. Agora, você está apenas flutuando, muito livremente, muito serena. Vamos voltar a um tempo antes do seu nascimento, no útero, no ventre da sua mãe. Você quer?

Ela fez um sinal com a cabeça, concordando. Voltei a usar as técnicas necessárias para fazê-la regredir no tempo daquela vida.

– Estou flutuando... Sinto muito amor... Minha mãe tem dor nas costas. Sinto que ela fica alisando as costas.

– E você é desejada. Sente o amor que está pronto para acolher você.

– Sinto. Muita coisa está acontecendo.

Pôs-se a descrever todas as providências tomadas para acolhê-la e a alegria com que tudo era feito.

– É mais uma lembrança para você trazer de volta. Você foi um bebê desejado, eles estão esperando por você. Há muito amor. Você pode senti-lo, enquanto flutua, e isso é muito importante. Agora, vamos passar para depois do nascimento. Você acabou de nascer. Quando eu contar três, você já terá nascido.

Nenhuma dor, nenhum desconforto, veja como está sendo recebida e como as pessoas se sentem. Um, dois, três. Agora, você nasceu e está feliz. O que você pode captar, agora?

– Está frio – ela respondeu e começou a tremer. – Minha mãe não está acordada, ela não está comigo. As enfermeiras e os médicos parecem indiferentes, para eles é só mais um bebê, igual aos outros.

Pensei que sua mãe poderia estar inconsciente, por causa da anestesia geral. Enquanto isso, médicos e enfermeiras cumpriam suas tarefas, mas Nancy já havia percebido que eles trabalhavam sem nenhuma emoção.

Seu tremor e arrepios estavam se tornando mais intensos e assim decidi tirá-la da sala de parto.

– Agora, vamos flutuar por sobre a cena e deixá-la para trás. Assim, você vai se sentir aquecida de novo. Aqueça-se. Flutue, deixe a cena se apagar e desaparecer. Agora, você está aquecida, confortável, flutuando outra vez. Está pronta para voltar mais atrás no tempo?

– Estou.

– Muito bom. Vamos fazer outra viagem. Mais uma parada. Vamos voltar mais atrás ainda. Se houver alguma existência passada para recordar, você será capaz de recordá-la, agora, quando eu tocar em sua testa e contar, de trás para frente, de cinco até um. – Prossegui, fazendo a contagem e dando instruções até que ela começou a descrever o que via.

– Estou numa cidade – ela começou, com seus olhos flutuando por debaixo das pálpebras. – É um lugar importante da cidade, como um mercado. Há muito movimento, muita gente, cada um gritando mais do que o outro, como se fosse um leilão. Estou passando por perto, não tomo parte na cena. Sou um homem. Tenho uma barba. Há cheiros... É um lugar sujo.

Ela foi em frente descrevendo a cena em detalhes.

Com uma batidinha em sua testa eu a fiz avançar para o próximo evento significativo na vida daquele homem.

– Uma reunião. Ele está se reunindo com algumas pessoas. É alguém importante... está contando aos demais coisas que aconteceram em outros lugares. Mudanças, mudanças... Eu não sei que tipo de mudanças. As pessoas não querem mudanças.

– E como ele está se sentindo? Como você se sente?

Deliberadamente, eu alternava *ele* e *você* para intensificar a conexão dela com esse homem do passado.

– Ele está ansioso. Não sabe como vão receber tudo isso.

– Mas é uma informação importante. As mudanças precisam ser feitas.

– Ele sabe que tem de falar com eles sobre o assunto. Não pode deixar de fazer isso. Mandaram que falasse com eles.

– Vou dar uma batidinha na sua testa, para ver se você pode captar mais detalhes sobre o que ele está falando, sobre que tipo de mudanças. Três, qualquer detalhe que venha à sua mente... dois... um.

– Vejo um papel. Acho que é um mapa. Não consigo...

Ela fez uma pausa.

– Sinto um exército... – ela prosseguiu. – Uma massa de pessoas chegando. Sim. Acho que estão tomando conta dessa região. Sim, estão vindo, e essas pessoas aqui têm de sair da região ou serão expulsas. Se as pessoas não fugirem, haverá luta.

– E qual é o seu papel nisso tudo? De que lado você está? Com quem está comprometido?

– Acho que estou com o outro lado. Estou avisando a essas pessoas sobre o exército. Sou... mais ou menos um espião. Ambos os lados pensam que os estou ajudando, mas estou tentando manter a paz entre os dois.

– É uma coisa boa evitar a guerra. É uma missão importante, mas perigosa para você.

– Eu estou apavorada.

Podia ver a ansiedade estampada em sua face. Eu a conduzi à frente no tempo.

– Estou no deserto. Já estou fora daquela região. Fiz o que devia. Mas eles entraram em luta entre eles mesmos. Alguns quiseram me dar ouvidos e partir; outros, não. Quando percebi que haviam entendido o que tinha a dizer, fui embora. E estou seguindo viagem. Não sei para onde estou indo. Estou apenas entrando no deserto e estou sozinho.

– Você está mais velho?

– Não muito.

Ela calou-se e todos aguardamos até que ela voltasse a falar.

– Vamos à frente até o final dessa vida. – Repeti o procedimento, levando-a até o último dia da vida daquele homem.

– Estou na casa de amigos. Um homem e uma mulher. Tomaram conta de mim nos últimos anos. Estou muito velho. Estou em paz.

O rosto dela refletia essa paz.

– Então, você sobreviveu ao perigo e viveu até a velhice. Agora, é tempo de partir e você pode flutuar acima desse corpo, vivencie isso. Flutue acima da cena, sentindo-se completamente livre, muito leve e em paz, revendo essa vida em sua mente. As lições... O que você aprendeu? Quais são as lições de vida? Foi uma existência difícil e complexa, mas significativa. Você passou por muitos perigos. O que ele aprendeu? O que você aprendeu?

Nancy refletiu sobre as lições recebidas.

– Precisei me sacrificar. Minha felicidade não foi sempre o mais importante. Tinha uma tarefa maior. Tive de abandonar a minha família para salvar os outros.

– Uma espécie de missão que você tinha.

– Sim, valia a pena. Foi bom. Estou satisfeita.

– Você ajudou a fazer a paz. Ou pelo menos a evitar a guerra, em diversas circunstâncias – acrescentei.

– Sim, acho que ajudei. Nunca soube, de fato.

– Muito bem. Em sua mente, faça as conexões entre a sua vida agora, como Nancy, e essa, anterior. O que você pode trazer dessa vida, em termos de disciplina, autoridade, compaixão, senso de dever, para esta existência de agora? Veja as conexões e o que você pode aprender... com a força dela. Traga-a para a vida de agora. Você não precisa falar, nem me contar nada. Faça isso intimamente. Traga para a vida de Nancy todas essas qualidades que você tinha e que precisa ou pode absorver agora. Veja as conexões. Traga isso para a vida de Nancy, para a sua existência presente.

Aguardamos, até eu sentir que ela havia concluído a tarefa que lhe havia dado.

– Muito bem. Você está pronta para retornar agora?

– Estou.

Pressionei sua testa e, lentamente, ela abriu os olhos, parecendo atordoada. Havia retornado de um transe profundo, de uma longa jornada.

– Bem-vinda. Como você se sentiu? Como foi a sua experiência?

– Eu me senti como se estivesse assistindo a alguma coisa que não estava vivenciando e ao mesmo tempo estava vivenciando tudo. Era uma coisa diferente.

– E bastante intensa também.

– Muito intensa – ela concordou. – Sabia que estava vendo coisas importantes acontecerem, mas na época não sabia que eram importantes. Foi só quando olhei para trás que me dei conta de que tudo havia funcionado como devia.

– Muito bem. No caminho, você teve uma boa lembrança de infância, a primeira comunhão. Lembra do vestido e dos sentimentos tão especiais que experimentou? Havia muitas crianças na sua família, você não recebia tanta atenção no cotidiano.

– Eu era a quinta de sete crianças. E tem razão, nem sempre prestavam atenção em mim.

– Certo, e aquele foi o seu dia.

– Isso mesmo. Fui rainha por um dia – ela respondeu, com orgulho, lembrando-se de sua primeira comunhão.

– Então, voltamos às vésperas do seu nascimento, no útero, no dia em que veio ao mundo. Outra vez, você se deu conta de todo o amor em torno, da acolhida, dos preparativos acontecendo. Mesmo sendo a quinta filha, você era desejada e isso é importante. E você sentiu a diferença entre os médicos e enfermeiras, que estavam apenas cumprindo suas tarefas, e os seus pais, que tinham todo aquele amor e alimentavam tanta expectativa por sua chegada. Então, veio a lembrança do homem de barba no deserto.

Ela tinha um olhar distante, enquanto ia se lembrando gradativamente.

– Ele estava tentando fazer com que os exércitos não perdessem vidas desnecessariamente. Tentando resolver as coisas por meio de acordo, em vez de luta.

– Apesar de ser uma pessoa sozinha, ele não se sentia solitário. Acho que alguma coisa o ligava ao seu objetivo.

– Quero que você agora enxergue essas conexões, sem falar a respeito delas, porque se trata de assunto particular. Mas você se importa de responder algumas perguntas?

Ela concordou. A platéia estava fascinada e demorou alguns momentos para conseguir fazer perguntas.

– Quando tudo isso aconteceu?

Nancy refletiu por um momento antes de responder:

– Pelo que pude ver das roupas, não sei com certeza, mas acho que foi antes de Cristo... não sei quando, ao certo.

Quando Nancy respondeu a essa pergunta, lembrei-me de Catherine, minha primeira paciente de regressão. Catherine também mencionou uma data como sendo *antes de Cristo*. Por anos a fio, os críticos pularam em cima dessa contradição aparentemente fatal: "Como ela poderia saber que era *antes de Cristo*, se esse termo não era sequer concebido nos tempos antigos?", questionavam, exultantes. E aqui estava Nancy dizendo a mesma coisa.

A resposta é muito simples, quando você compreende o processo de hipnose e de regressão. Na hipnose, a pessoa torna-se tanto a observadora quanto a pessoa observada. De fato, muitas pessoas em transe observam o passado como se estivessem assistindo a um filme. A mente consciente está sempre alerta e observa o que você está vivenciando sob estado hipnótico. A despeito do profundo contato subconsciente, sua mente pode comentar, criticar e até mesmo censurar. É por isso que a pessoa, ao ser hipnotizada, pode envolver-se ativamente numa cena de infância de uma vida passada e, mesmo assim, ser capaz de responder às perguntas do terapeuta, falando como adulta e no seu idioma atual, reconhecendo os lugares que está vendo, e mesmo saber em que ano está, o que com freqüência é revelado ao seu olho interior ou simplesmente aparece em sua mente. A mente hipnotizada, *sempre* mantendo a consciência e o conhecimento do presente, coloca a infância ou a vida passada em seu contexto próprio. Por exemplo, se o ano de 1900 aparece em sua mente, e você vê à sua volta prédios tipicamente antigos, como as pirâmides do Egito, você sabe que está em uma época anterior a Cristo, mesmo que as letras a.C. não surjam fisicamente diante de você.

As pessoas podem recordar eventos dos primeiros dias de suas infâncias, como já vimos, e mesmo assim continuar a fazer uso da linguagem com perfeição. Por quê? Porque estão recordando. Não estão se tornando crianças outra vez e por isso não perdem suas características físicas e mentais.

Minha atenção logo voltou para Nancy e para a platéia. Outra pergunta estava sendo feita.

– Você tem alguma idéia de por que escolheu essa existência em particular e não outra qualquer para vivenciar hoje? Ou a lembrança veio sem nenhum controle?

A resposta de Nancy foi:

– Não sei por que essa lembrança veio justamente agora. Talvez porque eu venha pensando nesses últimos dias sobre o que preciso fazer com a minha vida atual. Acho que foi uma lição importante que eu precisava descobrir e sobre a qual quero refletir. Talvez eu precisasse escutar e compreender sobre solidão. Talvez seja isso.

Depois de algumas outras perguntas, encerrei a sessão. Poucos dias depois, Nancy me escreveu:

"Seu trabalho está promovendo uma grande mudança na vida de muitas pessoas. Eu, pessoalmente, sinto que houve um grande crescimento desde que comecei a ler os seus livros. Ainda nem comecei a absorver a experiência daquele fim de semana, embora eu compreenda a mensagem que recebi e perceba a sua importância nesta vida atual. Sei que tudo isso terá um enorme impacto em minha vida e na dos que me cercam.

"Obrigada pela liberdade que você me fez experimentar e por me levar a reconhecer minha alma eterna."

Nancy de fato apreendeu a essência de sua jornada.

Sentindo alegria e felicidade todos os dias: lições para o coração

"Nunca perca a coragem de enfrentar riscos. Você nunca poderá ser ferido."

Algumas vezes, as lições parecem simples, ou óbvias, e ainda assim precisam ser aprendidas pelo nosso coração, em níveis mais profundos, não apenas por nossa inteligência. As experiências diretas, vividas freqüentemente por meio de regressões, podem prover um caminho para o coração.

Bárbara estava vivenciando uma existência passada muito detalhada e envolvente, no sul da América do Norte, durante a segunda metade do século XIX.

Ela lembrava-se da enorme casa branca onde vivia com sua mãe, depois da Guerra Civil, e dos tempos duros que enfrentaram ali. Recordou um momento feliz de sua vida, mais à frente, em que estava casada e com duas crianças, morando numa casa diferente. Eu a conduzi para os últimos dias de sua vida:

– Estou velha... minhas mãos têm manchas... manchas marrons, minha pele é enrugada.

– Há alguém perto de você?

– Meu filho está comigo... minha filha também... Ela está perto da porta, olhando para mim. Está triste. – Barbara lamentou, com um suspiro. – Não quero que ela fique triste.

Ela morreu e flutuou acima de seu corpo, deixando-o para trás.

– Como está se sentindo? – perguntei.

– Melhor. – Ela respondeu com uma voz mais vigorosa. – Posso vê-los no quarto. Posso ver a mulher na cama. Sinto muita paz. É como se estivesse flutuando... flutuando...

Ela estava usufruindo muito aquele lugar pacífico. Antes de despertá-la, pedi que ela olhasse com atenção para sua filha e seu filho, buscando ver se os reconhecia como alguém de sua existência presente.

– Tenho a impressão de que minha filha é uma sobrinha que tenho hoje, chamada Rebeca... é estranho... Acho que minha filha daquela época é mesmo Rebeca.

Lembrei a Barbara que é comum voltarmos para junto das mesmas pessoas, ainda que nossos graus de parentescos mudem. Esta é uma das maneiras de aprendermos, aqui, em nosso estado físico.

Depois de flutuar por sobre seu corpo envelhecido, ela tornou-se capaz de rever aquela existência, seus muitos recomeços, a devastação da Guerra Civil, a vida familiar repleta de felicidade que se seguiu. Mas uma lição se destacou.

– Ir devagar, tomar tempo para apreciar o que está à minha volta – disse Bárbara, enfaticamente.

Mais uma vez, embora a lição se aplicasse especificamente a ela, também servia para todos nós.

Há tanta beleza, tanta verdade e amor à nossa volta, e raramente diminuímos nosso ritmo o suficiente para podermos aproveitar. Algumas vezes, é preciso que uma tragédia ocorra, ou uma grande perda, para nos lembrar, mas logo mergulhamos de volta na velha rotina.

"Vá mais devagar e sinta o perfume das flores", essa é a versão moderna da lição de Bárbara. Impregne suas retinas da beleza que sempre nos cerca. Não basta que o seu intelecto compreenda isso. Também o seu coração deve alcançar essa compreensão, e os seus pensamentos e ações cotidianos devem mostrar que você de fato sabe disso.

Neste momento, vamos fazer uma pausa.

Sente-se ou deite-se confortavelmente. Respire algumas vezes, relaxando e deixando toda a tensão e desconforto saírem de seu corpo.

Lembre dos momentos em que os seus olhos se encheram de lágrimas de contentamento e de felicidade. Talvez, desinteressadamente, você tenha auxiliado um outro ser humano. Talvez alguém, sem ser solicitado e inesperadamente, tenha de alguma forma ajudado você. Talvez você estivesse lendo um livro ou assistindo a um filme, ou tenha presenciado uma cena na qual as vidas eram tocadas pelo amor.

Leve o tempo que precisar. Seu coração está se abrindo.

Sempre que seus olhos derramarem lágrimas de felicidade, pare e observe. O que você está vendo, pensando ou vivendo? Por que isso comove você? O que está faltando em sua vida?

Agora, você tem uma boa pista para pensar nas mudanças que precisa realizar para trazer mais felicidade, alegria e satisfação à sua vida.

Sabemos que a felicidade vem do íntimo. Felicidade é um estado interior. Você não se tornará feliz miraculosamente, por conta de mudanças externas, mas apenas se *você* mudar. Você precisa enxergar as coisas de um ponto de vista mais amplo. Alguém pode até lhe apontar o caminho, ensinar técnicas, mas é tudo o que pode fazer. O resto é por sua conta.

Buscar a felicidade e a alegria não é de forma alguma errado, pecaminoso ou prejudicial ao espírito. Você não pode se formar na escola da vida sem aprender o que é a alegria.

Madre Teresa escreveu:

"Estou certa de que você entende a Regra de Ouro: Deus é amor e nos criou para coisas realmente grandes, para amar e sermos amados. É por isso que devemos amar ao próximo como Deus ama cada um de nós. Amar é dar-se até o ponto em que começa a doer. Não se trata do quanto damos, mas do amor que colocamos no que damos.

"Por isso é preciso rezar – o fruto da oração é o aprofundamento da Fé. O Fruto da Fé é o Amor – o amor em ação é Serviço – e, assim, atos de Amor são atos de Paz – e isso é viver a Regra de Ouro.

"Amai-vos uns aos outros como Deus ama cada um de nós."

Não concordo que a doação do amor verdadeiro implique em dor, porque há tanta satisfação nessa entrega, que qualquer dor logo será suavizada.

Mas o resto é pura sabedoria. Se todos se dispusessem a seguir essas orientações tão simples de Madre Teresa, a violência e a guerra desapareceriam e a paz reinaria no mundo.

Num nível psicológico, as pessoas também sentiriam essa paz. Os medos iriam diminuir e desaparecer, já que o amor dissolve o medo. Sem o medo, poderíamos cumprir o que viemos aqui para cumprir. E seríamos mais felizes. As paredes atrás das quais nos escondemos se desmanchariam, porque nós não precisaríamos nos isolar emocionalmente, uma vez livres do medo. Poderíamos nos relacionar mutuamente de todo o coração.

A interpretação de Madre Teresa da Regra de Ouro nos dá a fórmula para conquistar e preservar tanto a paz interior quanto a exterior. Poderíamos nos curar, curar nossos relacionamentos, nossas comunidades, nossas nações e nosso planeta.

É só o medo que nos impede de fazer isso.

Quando visitei alguns monges tibetanos, acompanhando o Dalai Lama em uma viagem, observei duas coisas. Eles pareciam possuir uma luz dourada em torno de suas cabeças e ombros. Embora, normalmente, eu seja incapaz de ver auras – o campo de energia em volta do corpo físico –, pude enxergar com nitidez aquela luminosidade dourada.

E eles também estão quase sempre sorrindo. Parecem repletos de satisfação.

Penso que esses monges se encontram no caminho certo. A luz dourada refletia a alegria maravilhosa que sentiam. Lembrem-se do velho ditado ídiche: "O maior pecado é roubar de alguém a sua alegria".

E proponho uma máxima moderna: "Jamais adie sua alegria". Os monges vivem isso.

Tratei um golfista profissional que estava preocupado com seus escores. Quanto mais ansioso ficava, mais tacadas errava durante seu percurso.

Em uma meditação particularmente profunda, no meu consultório, ele começou a entender o golfe como uma metáfora da vida.

– O que você aprendeu? – perguntei.

– O percurso é mais importante do que o escore. O importante é que eu usufrua do que encontro no caminho, que sinta suas belezas e o prazer e alegria que ele me proporciona.

Esse homem conquistou um notável progresso espiritual. Não é surpresa nenhuma que ele, quando ensina golfe, transmita igualmente lições de vida. Seus estudantes se beneficiam duplamente. E seu escore melhorou significativamente.

Quando estava meditando, certa vez, uma mensagem chegou em resposta a uma pergunta não formulada em minha mente. Estava trabalhando demais no consultório, além de me ocupar com palestras, conferências e com uma montanha de correspondência diária. E como ficavam as férias, a leitura por puro prazer, o golfe de que gosto tanto e que jogo sem contar pontos? Será que eu não deveria reservar mais tempo para mim mesmo, para minha família e os amigos? Ou o trabalho era tão importante assim?

A mensagem foi muito enfática:

"Este mundo é oferecido a você como se fosse um lindo jardim. Você diminui o jardim, se não aproveita seus frutos."

Consciência

"...você deve checar os seus maus hábitos, antes de chegar a este lugar. Se não, vai carregá-los consigo para uma outra vida. Somente nós podemos libertar-nos... dos maus hábitos que acu-

mulamos no estado físico. Os Mestres não podem fazer isso por você. Se optar por lutar e não por livrar a si mesmo, então, você os levará para a outra vida. E só quando decidir que é forte o bastante para dominar os problemas externos, você estará livre deles para a próxima vida."

Viva no presente, nem no passado nem no futuro. O passado já se foi, aprenda com ele e desapegue-se dele. O futuro ainda não está aqui. Faça planos para vivê-lo, mas não se preocupe a respeito. A preocupação gasta inutilmente seu tempo e a sua energia.

Vou repetir uma história que já contei antes, mas que talvez mereça uma reflexão diária na nossa luta contra a correria e a dispersão: Thich Nhat Hanh, um monge budista vietnamita, ensina como se deve apreciar uma boa xícara de chá. Para isso, você precisa concentrar-se no momento presente, ficar consciente e com a atenção voltada para o chá. Sentir o calor da xícara, apreciar o colorido da infusão, aspirar seu perfume, degustar lentamente cada gole. Se você fica remoendo eventos passados, ou preocupando-se com os futuros, de repente vai se dar conta de que bebeu todo o chá sem nem perceber.

A vida é como uma xícara de chá.

"...Quando você não vivencia o presente, porque fica absorvido pelo passado ou preocupado com o futuro, você traz grande dor para o seu coração e sofrimento para a sua vida."

Muitas pessoas vêm ao meu consultório em busca de terapia. Elas podem estar procurando ajuda para determinado sintoma ou problema de relacionamento. Mas podem também estar apenas desejando mais alegria em suas vidas, mais satisfação, mais compreensão. Esses são objetivos realmente valiosos.

Por isso é preciso tomar cuidado com o preconceito relativo à terapia, porque ele pode impedir-nos de procurar a ajuda de que necessitamos. Muitos daqueles que criticam quem busca uma terapia são os que mais precisam dela, mas não estão conscientes o bastante para compreender isso.

A experiência de regressão pode expandir significativamente a consciência. Se o terapeuta tem respeito e flexibilidade suficientes para deixar que a mente do paciente conduza o processo, em vez de impor sua própria visão, pode ocorrer uma transformação de vida. Foi o que aconteceu com John.

Quando eu hipnotizei John, um homem de meia-idade muito bem-educado, diante de centenas de pessoas, num *workshop* em Boston, tomei consciência do silêncio total dos participantes, presos a cada palavra dita.

Com delicadeza, gradualmente, eu o conduzi de volta no tempo. A primeira imagem foi a de uma festa de Natal, quando ele tinha cinco anos. Iluminou-se ao recordar vividamente a cena. Podia ver suas tias e o terno de flanela cinza que usava. Descreveu a árvore enfeitada, e eu o deixei usufruir intensamente esse momento.

Então, eu o fiz retroceder mais, para dentro do útero de sua mãe e para o momento do nascimento. Ele vivenciou ambas as situações, dizendo sentir-se apertado no útero materno e reclamando do barulho do ambiente na hora em que nasceu.

Eu o instruí em seguida para deixar a cena do nascimento, permanecendo em profundo estado hipnótico. Pedi que visualizasse e atravessasse uma porta especial, esperando que recuperasse a lembrança de uma vida passada, mas não foi o que aconteceu. Em vez disso, ele teve uma experiência espiritual.

John encontrou-se num belo jardim. Ele descreveu uma luz maravilhosa, difusa, que se espalhava por toda parte, transmitindo uma profunda sensação de paz. Percebeu que havia muitas crianças por lá e que ele era uma pessoa mais velha, um professor daquelas crianças.

John começou a falar devagar, medindo as palavras. Mas palavras não eram capazes de descrever adequadamente as características daquela luz e daquele jardim. Percebi que ele sabia mais do que aquilo que relatava, como se fosse um conhecimento que não pudesse ser compartilhado integralmente conosco.

– O que você está ensinando às crianças? – perguntei.

– Ensino a brincar... – respondeu suave e lentamente.

Então, a voz tornou-se mais firme, como se nós, na platéia, tivéssemos virado crianças a quem ele estivesse ensinando.

– Sempre podemos estar lá – ele disse. – Sempre podemos estar lá.

A voz de John começou a sumir e ele ficou em silêncio. Quando recomeçou a falar, sussurrava como se quisesse que apenas eu o escutasse.

– Esta alegria... esta beleza... esta consciência... Este jardim na Terra poderia estar ali o tempo todo, sempre que quiséssemos. Pode estar lá agora, no presente, se quisermos... se recordássemos agora.

Outra vez ele calou-se e lágrimas de alegria suavemente desceram por seu rosto. John não queria deixar aquele lugar, e eu permiti que ele permanecesse por mais tempo.

E foi isso o que John ensinou às crianças: o paraíso na Terra é possível, se quisermos. A mensagem de John é muito poderosa. Podemos nos tornar conscientes da *outra* realidade, mesmo em nosso estado atual, mesmo na forma física. Podemos sentir a pura alegria, o êxtase, a paz e a beleza, mesmo agora. E quando ultrapassamos o estado físico, vamos para o mesmo lugar, somos a mesma coisa. Nosso esquecimento, nosso estado de *inconsciência* é reversível. Não precisamos morrer, nem mesmo ter uma experiência de quase morte para lembrar e revivenciar. Lágrimas de alegria continuavam a encher os olhos de John.

Ele se deu conta, assim como eu, de que uma mudança estava ocorrendo em sua vida. Aquilo que vivenciara deixava de ser um conhecimento intelectual para tornar-se uma realidade interior. A experiência havia sido tão forte e positiva, que a abertura provocada não iria mais desaparecer.

John escreveu para mim, duas semanas depois, descrevendo eventos que confirmaram essa experiência. Símbolos relacionados a jardins estavam surgindo por toda a parte. Ele entrou numa loja de discos e sentiu-se imediatamente *guiado* para um CD chamado *Jardim secreto*. Na capa, ele leu: "14 novas melodias para ajudar você a descobrir o seu jardim secreto".

Numa livraria, onde entrou para comprar um determinado livro, outro lhe chamou a atenção: *Para além do portão do jardim*, com belas e luminosas ilustrações de pinturas de jardins.

Muitos dias mais tarde, ele entrou num elevador e encontrou um poema do século I ou II d.C. pregado na parede:

Todos os que os amam são belos
Eles se regozijam com a sua presença
Nada podem fazer senão o bem.

Há espaço em seu jardim
Todos somos bem-vindos nele
Tudo o que precisamos fazer é entrar.

Durante a experiência de John, minha consciência também começou a se modificar. "Podemos estar sempre lá" – ele dissera. Não precisamos esquecer. Podemos manter a consciência de sermos seres divinos capazes de vivenciar *diretamente* alegria, amor, compaixão infinita, profundos sentimentos de segurança e de paz – e tudo isso agora!

Testemunhar e compartilhar aquela experiência promoveu uma abertura de consciência nas centenas de pessoas da platéia, em Boston. Sentimentos de alegria, paz e segurança espalharam-se por toda a sala, penetrando em nós, com a mensagem de que somos imortais. Somos sempre amados. Somos o amor, e não há nada a temer.

Capítulo 6

Amor e compaixão

"O amor é a derradeira resposta. O amor não é uma abstração,
mas uma energia verdadeira, um espectro de energias,
que você pode criar e manter dentro de seu ser. Apenas ame.
E você estará começando a tocar Deus no seu íntimo.
Sinta-se amando. Manifeste o seu amor.
O amor dissolve o medo. Você não pode ter medo,
enquanto estiver sentindo o amor. Já que tudo é energia,
e que o amor abrange todas as energias, tudo é amor."

Não vivemos conscientes de nossa natureza espiritual. Agimos como se fôssemos meros objetos físicos, sem alma nem espírito. De outro modo, nunca cometeríamos as insanidades que continuamos a cometer.

Pesquisas revelam que mais de noventa por cento das pessoas acreditam que existe um Deus, que o paraíso existe e que vamos para um outro reino, quando morremos. Mas nosso comportamento desmente essas crenças. Tratamos os outros rudemente, com violência ou indiferença, e nos apegamos de tal forma aos bens materiais, que não hesitamos em rebaixar alguém para obtê-los. Devemos estar loucos.

Não temos nada a temer quando manifestamos o nosso amor por outro ser humano. Estamos sempre certos.

Infelizmente, o mais comum é que nossos medos bloqueiem essa manifestação de amor. Tememos ser rejeitados, ridicularizados, humilhados, que nos vejam como *fracos*, que sejamos rotulados ou enganados. Mas o amor é sempre o caminho.

Somos sempre amados e protegidos. Somos criaturas espirituais num vasto oceano espiritual, habitado por inúmeros outros seres espirituais. Alguns estão na forma física, outros não.

O amor é a água desse oceano.

Amor é energia, a mais alta e pura energia. Em suas vibrações mais elevadas, o amor abrange tanto a sabedoria quanto a consciência. É a energia que interliga todos os seres. O amor é absoluto e nunca termina.

Os principais objetivos durante nossa existência são a redenção e a paz interior. Redenção implica superar o carma por meio de ações e da graça. Há muitos caminhos para a redenção. Quando nos redimirmos, teremos reconquistado o destino de nossas almas.

A paz interior é conseqüência de nossos atos. Viver num mundo físico requer ações concretas: aproximarmo-nos dos outros para aliviar seu sofrimento e ajudá-los ao longo de seus caminhos, ser solidários, compassivos, ajudar a curar o planeta, seus habitantes e suas estruturas, aprendendo e ensinando.

A redenção vem do amor, não do sofrimento. Quando o coração transborda de amor e quando esse amor flui para os demais, estamos em meio ao processo de redenção. E estamos retornando para o seio de Deus, que é o amor supremo.

É durante esse processo que a paz interior entra em nós, silenciosamente.

Sem esperar nada em troca

"Muitos de nós continuam a pedir recompensas – recompensas e justificativas para o nosso trabalho... quando não há recompensas, as recompensas que nós queremos... A recompensa

está no fazer, mas fazer sem esperar nada em troca... fazer desinteressadamente."

Minha mulher tem me ensinado muito a respeito do amor. É ela que me apóia, discreta e silenciosamente, nunca procurando aparecer e sempre se assegurando que os holofotes, dirigidos constantemente para mim, não reflitam sobre ela. Ela trabalha nos bastidores, nunca pedindo nada em troca. Ela observa pacientemente, enquanto dedico aos outros um tempo e uma energia que deveriam ser dela. Ela compreende.

Há vezes em que me diz, bem-humorada, que ela me ama mais do que eu a amo. Sempre retruco que não, que eu a amo com a mesma intensidade.

Mas creio que ela está certa. Ela, de fato, me ama mais. Porque, mesmo amando-a enormemente, ela sabe mais a respeito do amor do que eu. Ela sabe mais do que eu *como* amar.

O que posso fazer é assegurar-lhe que estou aprendendo e que espero alcançá-la um dia.

Compaixão

"O caminho de todos é basicamente igual. Devemos aprender certos gestos e atitudes enquanto estamos no estado físico. Alguns aprendem mais rápido do que os outros. Caridade, esperança, fé, amor... devemos saber essas coisas e sabê-las bem. Não existe apenas uma esperança, uma fé ou um amor – há tantas coisas envolvidas em cada um. Há tantas maneiras de demonstrar."

Albert Einstein afirmou: "O ser humano é parte de um todo que chamamos de universo, uma parte limitada no tempo e no espaço. A pessoa experimenta a si mesma, seus pensamentos e sensações como algo separado do restante – trata-se de uma espécie de ilusão de ótica de sua consciência. Essa ilusão nos aprisiona, limitando-nos a nossos desejos individuais e a sentirmos afeto apenas pelas pessoas mais próximas. Nossa tarefa deve ser libertar a nós mesmos dessa prisão, alargando nosso círculo de compaixão para podermos abarcar todos os seres viventes e a natureza inteira."

Em agosto de 1996, visitei o Brasil pela primeira vez. Convivi algum tempo com seu povo fantástico e com as belezas naturais dessa terra altamente espiritualizada, e também conheci Geraldo, meu editor no Brasil.

Num prefácio especial para *A cura através da terapia das vidas passadas*, que então estava sendo publicado no Brasil, escrevi sobre como Geraldo transformava o amor em ações concretas:

"Uma das lembranças mais duradouras desta vinda ao Brasil é o rosto de uma menina. Ela tem por volta de doze anos. Posso ainda ver seus olhos brilhantes e ouvir seu sorriso rouco quando passou por mim correndo, com dezenas de outras meninas, em direção às oficinas de trabalho.

"Fui levado a um lugar muito especial por meu editor, Geraldo Jordão Pereira, um homem maravilhoso. Ele fundou e mantém um projeto para meninas carentes num bairro periférico do Rio de Janeiro. As meninas freqüentam o Centro, composto de pequenos prédios, onde aprendem vários ofícios, como corte, costura, datilografia, cabeleireiro e manicure. Elas se sentem unidas; crescem em sua auto-estima e no domínio dos instrumentos de trabalho que farão delas profissionais competentes. Transbordavam de alegria e felicidade ao me demonstrarem suas habilidades e conhecimentos.

"Fiquei impressionado com a energia daquele lugar e daquelas meninas. E Geraldo, que me levou até lá, encarna para mim o espírito do Brasil. Eis aí um homem inteligente e sofisticado que dá tanto de si e com tanta paixão ao país e ao seu povo.

"É esta a razão de estarmos aqui na Terra. Para aprender a estender a mão aos outros seres humanos com amor e compaixão, sem nos preocuparmos com o retorno pessoal. Nos rostos radiantes e adoráveis daquelas meninas, descobri que Geraldo e o Brasil estão conseguindo fazer isso."

Eu tive um sonho sobre compaixão e cooperação em nossas comunidades. Pude ver os prédios e as pessoas da cidade ideal e sentir a dedicação delas para com sua responsabilidade social, sempre ajudando seus vizinhos. Isso é o que faz uma comunidade de verdade, o que pode transformar as nossas comunidades no paraíso, isso é o que foi planejado para este nosso mundo. Quando nos esquecemos da razão para a qual fomos criados, buscamos o poder, a riqueza, *status*, celebridade e privilégios. Compaixão e solidariedade são substituídas por dominação, gerando hierarquias e a escravização de uma classe por outra.

Compaixão, cooperação, carinho pelos vizinhos e responsabilidade comunitária não são matérias da economia. São atitudes do coração e não podem ser reguladas por leis ou impostas de fora para dentro. Elas precisam ser aprendidas em nosso íntimo.

Não importa se a nossa nação ou comunidade pratica um determinado sistema econômico ou político. Os frutos de nosso talento e esforços deveriam ser compartilhados por toda a nossa comunidade, distribuídos – depois de reservarmos aquilo de que precisamos para nossas famílias – com compaixão e amor entre as pessoas. É o coração generoso de cada um que pode promover uma distribuição da riqueza proveniente do trabalho daquela pessoa.

Recebemos e damos. Em troca, recebemos de outros. A alegria está no equilíbrio entre o dar e o receber.

Quando nossas comunidades forem generosas e cooperativas, responsáveis e afáveis, estaremos recriando um pequeno pedaço do paraíso sobre a Terra.

Faça amor, não faça a guerra

"Não temos o direito de interromper abruptamente a vida de uma pessoa antes que ela tenha vivenciado o seu carma... Não temos esse direito. Sua reparação será muito maior se a deixarmos viver. Quando morrer, irá para a dimensão seguinte e sofrerá ali. Será deixada num lugar onde não haverá descanso. Não terá paz. E será mandada de volta, mas sua vida será muito difícil. E terá de reparar por aqueles que feriu, pelas injustiças que praticou contra eles... Somente Deus pode puni-la, isso não nos cabe. E a punição virá."

Violência é muito mais do que infligir danos físicos a outras pessoas. Algumas formas de violência podem ser mais devastadoras do que as de tipo físico.

A violência pode ser muito sutil. Discriminar as pessoas, estabelecendo uma separação entre *nós* e *eles* é um ato de violência. Priorizar as diferenças entre as pessoas, em vez de valorizar o que elas têm em comum, inevitavelmente, cedo ou tarde, leva à violência.

Tememos o *outro*. Projetamos nele aquilo que odiamos em nós mesmos, nossas falhas e fracassos. Nós o culpamos pelos nossos problemas, em vez de olhar para nós mesmos. Tentamos resolver nossos problemas *dando um jeito neles* e, freqüentemente, com o uso da violência.

Os locais cujo acesso é vedado a determinados grupos humanos são lugares violentos. Podem ter a aparência de uma esplêndida praia, um luxuoso elevador social, um clube sofisticado. Mas violência está presente. Ali existe o *nós* e o *eles*. Os outros não são como nós. São inferiores. Não podemos confiar neles. São perigosos e devem ser temidos.

Quando distribui seu carinho e generosidade para aqueles que parecem diferentes, você domina o medo e o substitui pelo amor. É assim que vencemos a violência. E que realizamos nosso destino.

Ouvi dizer que quando a poeta Maya Angelou escuta algum comentário preconceituoso contra qualquer grupo, ela, imediatamente e com firmeza, pede: "Pare com isso!" E escuta-se sua voz majestosa ressoar numa festa superlotada, sempre que alguém conta uma história ou uma piada preconceituosa.

É uma técnica maravilhosa. Se todos fizéssemos a mesma coisa, a intolerância e o preconceito diminuiriam e poderiam, quem sabe, desaparecer. Mas dizer: "Pare com isso!" exige muita coragem. Teríamos que pedir a nossas famílias, amigos, colegas, patrões e mesmo a estranhos que abandonassem seu comportamento raivoso. Teríamos que estar especialmente atentos a nós mesmos.

Estamos nadando contra a corrente do amor quando discriminamos os outros, por serem diferentes. Porque o amor nos diz que todos estamos ligados, que somos iguais, que somos todos a mesma coisa.

Na primavera de 1996, estive no programa de Maury Pouvich, muito popular na tevê americana. Antes de começarem o programa ao vivo, fiz várias pessoas regredirem, enquanto as câmeras filmavam suas experiências. Uma dessas pessoas era Jim, um músico já perto dos cinqüenta anos, veterano da guerra do Vietnã. Fora recrutado a contragosto e odiava a possibilidade de matar, mas não teve outra escolha e se viu transformado em soldado e mandado para a guerra.

Eu nunca havia encontrado Jim antes dessa regressão. Inteirei-me sumariamente de sua história, expliquei o que iríamos fazer e me desculpei pela intromissão das câmeras de tevê e das luzes. Ele me contou que jamais havia sido hipnotizado e que não tivera nenhuma experiência pessoal com vidas passadas, mas que estava desejoso de fazer uma tentativa.

Depois de alguns minutos, Jim estava em um profundo transe hipnótico e começou a vivenciar uma poderosa cena de uma existência passada. Sua atenção não foi distraída pelas câmeras ou pela equipe.

– Estou com um destacamento de cavalaria... – ele começou devagar. – Estamos em algum lugar no Oeste... há muitos índios e estamos sendo massacrados... tento convencer meus companheiros de que é uma honra morrer assim, mas... não estamos...

As lágrimas começaram a brotar de seus olhos. A sua dor e tristeza eram palpáveis.

– É o Gary... – ele disse, e um sorriso muito bonito momentaneamente afastou sua tristeza. Gary era um de seus amigos mais próximos na vida atual.

– Você o reconhece? – perguntei, suavemente.

– Sim – ele respondeu, com algum alívio. – Meu amigo, Gary. Ele está conosco.

Novamente, o mesmo sorriso, apesar de as lágrimas continuarem.

– Está tudo bem – eu disse, tentando amenizar a sua dor. – Muitas vezes encontramos as mesmas pessoas... Você vai sobreviver à luta?

– Não.

– O que você está vendo?

A voz de Jim tornava-se cada vez mais triste.

– Uma carnificina... horrível... Ah... estão fazendo cada coisa...

Eu o tirei da experiência da morte em sua vida passada.

– Agora, reflita, de uma perspectiva mais elevada... O que você aprendeu de toda essa experiência?

Com lágrimas em seus olhos e na mesma voz debilitada, Jim respondeu e eu senti um calafrio ao escutar suas palavras.

– Que a vida é sagrada e que não há *nenhuma* justificativa para matar.

Jim corroborava a mensagem que eu havia recebido através de Catherine, da parte dos Mestres, quinze anos antes. Pensei em como fora difícil para aquele rapaz de 19 anos ser recrutado para a Guerra do Vietnã e de sua repulsa em tomar parte da luta.

Sua posição não era política nem ideológica. Em algum nível emocional profundo, ele devia recordar o que havia vivenciado tão tragicamente na guerra contra os índios, no século dezenove.

A vida é sagrada e não há nenhuma justificativa para matar.

Precisamos aprender de todas as fontes

"...Eu não posso avançar até ter experimentado tudo da vida e isso ainda não aconteceu. Haverá muitas existências... para cumprir todos os acertos e pagar as dívidas que deixamos."

Inúmeros livros, filmes e programas de tevê têm enfatizado as aparentemente insuperáveis diferenças entre homens e mulheres. Uma enorme distância separa os sexos e é visível no modo de pensar e no comportamento. Não vemos o mundo da mesma maneira. A testosterona, o hormônio masculino, parece conduzir os homens à agressividade e à competição, e não à cooperação. Estrogênio e progesterona parecem, por sua vez, favorecer a sensibilidade, a comunicação ao invés da competição, e uma tendência maior à proteção do que à agressividade.

A maneira como meninas e meninos são criados fortalece as diferenças e as barreiras biológicas que separam homens de mulheres. De um modo geral, os meninos são socialmente encorajados a demonstrar maior agressividade, mais competitividade e firmeza. E as meninas são educadas para serem mais passivas, comunicativas, cooperativas. Pais, professores, nossa cultura, nossa sociedade, a mídia e a publicidade nos passam esses valores e comportamentos. Já que sabemos disso, o que pode ser feito?

Sem dúvida, os meninos podem e deveriam ser criados para dar mais atenção à sensibilidade, expressando-a mais constantemente. Eles podem ser ensinados a se tornarem cooperativos e aprenderem a comunicar melhor seus sentimentos. As meninas podem ser criadas para serem mais confiantes e afirmativas. De um modo geral, a maneira de educar os meninos irá exigir maiores alterações do que a usada para educar as meninas, já que o mundo está imerso hoje na violência causada quase que exclusivamente pelos homens.

Mas o que dizer das diferenças biológicas inatas? Como poderemos mudar a biologia? O que fazer com a testosterona? Vamos usar uma metáfora para entender melhor.

Os hormônios e determinados fatores genéticos provocam o crescimento de pêlos no rosto do homem. E será que a barba é inevitável e que todos os homens precisam andar por aí ostentando rostos fartamente barbados?

Obviamente, a resposta é *não*. Os homens têm a opção de raspar a barba. Qualquer homem pode decidir fazer isso ou não.

As influências biológicas são tendências. Podem ser sobrepujadas pela vontade consciente, pelo livre-arbítrio. A testosterona e os demais hormônios *impelem*, mas não *compelem*. Os homens podem escolher fazer a barba. Podem decidir que não empregarão a violência, que serão menos agressivos, mais cooperativos e comunicativos, mais sensíveis.

A decisão consciente feita pelos homens, privilegiando o

caminho do amor, o caminho da não-violência, é o próximo passo.

Para além dessa escolha, existe ainda um outro passo, que é um redespertar para a verdade espiritual de que somos todos espírito e alma, não corpo e cérebro. A alma não tem sexo, não tem hormônios, nem tendências biológicas. A alma é pura, é energia amorosa.

Quando tomamos consciência de nossa natureza espiritual, passamos a reconhecer nossa verdadeira essência. Somos imortais, divinos. A partir desse reconhecimento, torna-se mais fácil renunciar à violência, ao ódio, ao desejo de dominar, ao egoísmo e à apropriação de indivíduos e de bens. Aceitar o amor, a compaixão, a caridade, a esperança, a fé e a cooperação torna-se natural.

As mulheres estão mais próximas desses valores por causa de suas vantagens biológicas e de criação, mas os homens podem tomar a decisão de alcançá-las.

Algumas trocas de sexo ocorrem no curso das muitas existências. Todos nós já fomos tanto homens quanto mulheres. E, apesar de eu acreditar que tendemos a nos especializar em um sexo ou em outro, precisamos, tal como estudantes de faculdade, pegar algumas cadeiras eletivas no papel do outro sexo. Temos que aprender de todas as fontes, de diferentes lados. Por isso voltamos como rico e pobre. Forte e fraco. Budista, cristão, judeu, hindu, muçulmano e todas as outras religiões. Em raças diferentes também. E, claro, como homem e mulher.

Assim, cedo ou tarde, todos aprendemos a superar as tendências biológicas negativas, para podermos manifestar integralmente nossa natureza espiritual. Pela mesma razão, todos aprenderemos a superar condicionamentos sociais e culturais negativos.

No nível mais profundo, nenhum de nós é homem ou mulher. Somos espírito. E, depois de muitos milênios de ignorância e violência, finalmente trilhamos o caminho da conscientização.

Alguns ficarão para trás porque, apesar de estarmos percorrendo o mesmo caminho, nem todos avançamos com a mesma velocidade. É tarefa dos mais avançados voltar para ajudar os outros, com sua compaixão e com seu amor,.

Voltar e ajudar, sem esperar qualquer recompensa, nem mesmo um *obrigado.*

Voltar e ajudar, porque é isso que os seres espirituais fazem.

Capítulo 7

Encontrando a luz

"Agora, sinto apenas a paz. É uma hora de consolo. O grupo precisa ser consolado. A alma... a alma encontra a paz aqui. Deixam-se para trás todos os sofrimentos físicos. A alma está tranqüila. É um sentimento maravilhoso... maravilhoso, como se o Sol estivesse sempre brilhando. A luz é tão forte! Tudo emana de seus raios! A energia vem dessa luz. A nossa alma vai para lá imediatamente. *É quase uma força magnética que nos atrai. É maravilhoso. É como se fosse uma fonte de energia. Ela pode curar.*
Tem cor?
Tem muitas cores. Ela fez uma pausa, descansando nessa luz. Nada... apenas tranqüilidade. Estamos entre amigos. Eles estão todos aqui. Vejo muita gente. Alguns são familiares, outros não. Mas estamos lá, esperando. Pessoas que estão em coma... estão em estado de suspensão. Ainda não estão prontas para atravessar para outro plano... até que decidam se querem ou não atravessar. Só elas podem decidir. Se acham que não têm mais o que aprender... no estado físico... terão permissão para atravessar. Mas se devem continuar o aprendizado, terão que voltar, mesmo não querendo. É um período de repouso, um tempo de descanso para seus poderes mentais."

Uma das descobertas mais consistentes da pesquisa sobre Experiências de Quase Morte – EQM – é a percepção que a pessoa tem de uma luz linda e reconfortante. Esta luz não é um incidente neuroquímico ocorrendo num cérebro danificado, mas um maravilhoso vislumbre de um mundo além. Com freqüência, um parente muito querido que morreu anteriormente ou uma entidade espiritual está presente na luz, oferecendo conselhos, conhecimento e um amor profundo. A pessoa se torna consciente de detalhes e acontecimentos dos quais não tinha conhecimento. Pessoas souberam através de seus entes queridos onde as jóias da família, ainda perdidas, haviam sido escondidas, onde haviam sido guardados testamentos, e muitos outros segredos. Mais tarde, após terem se recuperado da doença ou acidente, encontraram os objetos, confirmando a exatidão das informações recebidas enquanto estavam inconscientes ou em coma. Uma luz "causada" por dano cerebral, como alguns críticos da EQM alegam, não poderia fornecer uma confirmação tão precisa.

Ainda que alguns detalhes da EQM possam mudar, de cultura para cultura, a percepção desta linda luz parece ser um fenômeno universal. Nos Estados Unidos, pessoas que viveram uma EQM freqüentemente descrevem ter atravessado um túnel para chegarem até a luz. No Japão, atravessar um rio ou uma massa d'água para alcançar a luz é a descrição mais comum. Mesmo assim, seja movendo-se através de um túnel, atravessando um rio ou viajando de qualquer outra maneira, a luz é uma descoberta constante. Existe paz, consolo e amor na luz.

Após coordenar um intenso *workshop* de dois dias, com vários profissionais da área de saúde, recebi uma carta de uma das moças. Ela me agradecia por falar sobre o assunto e por ajudá-la e a outras pessoas a experimentarem a maravilhosa luz, a mesma luz, acredito, que é vista e sentida pelas pessoas durante a EQM e durante as Experiências Após a Morte (EAM). As pessoas podem vivenciar esta luz em estado hipnótico ou de meditação, em sonhos, em experiências místicas espontâneas e de muitas outras formas.

A moça que me escreveu está agora com trinta e seis anos, mas a primeira experiência com a luz, ainda profundamente gravada em sua memória, ocorreu quando ela tinha apenas quatorze anos. Ela queria partilhar isso comigo e eu quero que vocês também a ouçam, porque sua descrição é clássica, precisa e honesta. Ela foi educada em uma escola católica na América Latina e o espanhol é sua língua materna.

"Eu nunca ouvira falar sobre experiências após ou de quase morte, vida antes da vida, nem sobre vidas passadas. Nunca seria capaz de imaginar o que me aconteceu na oitava série."

"Durante um retiro espiritual do qual toda a sua escola participara, um padre ensinou algumas técnicas de meditação e visualização. Primeiro, fez com que o grupo, deitado no chão, diminuísse o ritmo da respiração. Depois pediu para visualizarem um campo maravilhoso, coberto de flores. Neste ponto, a experiência da jovem começou a se diferenciar, desligando-se das instruções do padre.

"Eu não podia mais seguir as descrições do padre. Tentei três vezes, mas, em vez de ser capaz de continuar meu passeio, sempre acabava em um poço. Senti a voz do padre ficando cada vez mais longe, descrevendo um campo, sem nenhum poço.

"Meu corpo amoleceu e eu me entreguei. Ao mesmo tempo, vi-me dobrando o tronco para descobrir o que havia dentro do poço, mas caí dentro dele. Aí, já não era mais um poço, era um túnel. Eu tinha uma pequena lanterna na mão direita. Comecei a atravessar o túnel; estava tudo escuro, a não ser pela luz suave de minha lanterna. Depois de algum tempo, percebi que o túnel curvava-se ligeiramente para a esquerda e então, conforme eu me aproximava, pequenos raios de luz começaram a aparecer. Cresciam, ficavam cada vez maiores a cada passo que eu dava. Queria imensamente ver o que havia ali.

"Quando ultrapassei a curva, pensei que fosse desmaiar! Lá estava! A maior, mais maravilhosa e brilhante luz que eu já havia visto! É redonda e gigantesca, incandescente, como o Sol, mas completamente branca. Parece sólida e ao mesmo tempo translúcida! Como é que pode? (Escrevi essas linhas no tempo presente porque minha alma sabe que esta luz preciosa existe e sempre existiu para todos nós.)

"Fiquei com medo durante algum tempo, mas também sentiame irresistivelmente atraída pela luz. Segurando minha pequena lanterna, tentei penetrar naquela luz gigantesca que estava à minha frente. Queria estar lá dentro e saber o que existia por trás! Queria ser parte da luz!

"Eu estava prestes a entrar, quando de repente ouvi uma voz forte na minha cabeça, dizendo: 'Não, você não pode entrar nesta luz!' Ainda me lembro da energia da voz. Era uma voz jovem e masculina, mas não havia ninguém à vista.

"Havia uma barreira invisível que me mantinha do lado de fora da luz. Imediatamente após a voz, senti um forte empurrão no peito, que me fez andar para trás, voando em círculos pelo túnel. De repente o túnel tornou-se novamente o poço e eu voltei para cima! Quando saí voando, vi o céu e o campo novamente e, naquele momento, senti um impacto forte dentro de meu corpo, como se minha alma houvesse chegado subitamente. Retornou porque não tinha permissão para entrar na luz."

Neste momento ela abriu os olhos.

"Surpreendentemente, o padre ainda descrevia o campo de flores e os estudantes estavam calmos, de olhos fechados. Ninguém percebeu minha chegada..."

Ela ficou ansiosa e mexida demais com a experiência para contar a alguém, até mesmo para sua melhor amiga. Durante muitos anos, guardou em segredo sua experiência com a luz.

Doze anos depois, leu um artigo de jornal descrevendo a Experiência de Quase Morte de uma menina de quatro anos de idade:

"...uma menina de quatro anos viu a mesma luz que eu vi. Fiquei abismada e cheia de felicidade. A diferença: ela pode atravessar a luz porque obteve permissão após sua morte aparente. E voltou para contar sua experiência sobre algo de que nunca ouvira falar. Chorei muito. Não estava mais sozinha. A luz não era uma fantasia. O jornal mostrava o desenho de um túnel com a luz aparecendo no final e curiosamente o túnel também se curvava para a esquerda, como o meu. Ainda tenho esse jornal.

"Nunca mais voltei a sentir o amor, a paz e a divindade de minha Luz. Não existe nada comparável a ela em nosso mundo físico. Sinto sua falta."

Agora, com trinta e seis anos, esta mulher trabalha com pacientes terminais em um hospital, ajudando-os a fazer sua passagem para o mundo espiritual, consolando-os e tranqüilizando-os por causa de suas próprias experiências espirituais. Curiosamente, ela descreve muitos dos mesmos fenômenos observados por meu irmão mais novo e por sua esposa, que são oncologistas e cujas experiências com pacientes terminais foram descritas no livro *A cura através da terapia de vidas passadas*.

Ela continua:

"Tenho oportunidade de estar na companhia de pacientes terminais. Eles *vêem* seus amados pais ou membros da família recebendo-os em sua dimensão ou vindo ao seu encontro. Esses pacientes descreveram para mim suas visões e experiências antes de partirem. Ficam felizes quando *vêem* de novo seus pais ou um lindo ser sorrindo para eles. Sei que vão gostar da luz.

"Nós todos precisamos aprender melhor como ajudar e lidar com pessoas que estão em um processo de morte. Porque existe luz: viemos da luz e para a luz voltaremos. Pelo amor e felicidade que senti vindos da minha luz e que percebo em meus pacientes, sei que o amor não termina com a morte."

E ela está certa. A Luz e o Amor nunca terminam realmente. Estão íntima e eternamente entrelaçados.

Nunca encontrei o inferno, apenas diferentes níveis de ignorância. Quanto maior a ignorância, mais fraca é a luz. O mal é um estado de profunda ignorância e ausência quase total de luz.

Quando você encontra a luz, encontra paz, consolo e amor.

A Experiência Após a Morte – EAM – é bastante parecida. Nela nós também nos dirigimos para a luz e recebemos idêntico consolo, o mesmo amor, a paz tranqüilizadora. A única diferença é o que acontece a seguir. Na EQM, a pessoa retorna para seu corpo físico. Na EAM, a alma segue em frente, continuando a aprender do outro lado, até retornar em um corpo de bebê, encarnada mais uma vez no estado físico, se isto for necessário ou escolhido.

Pesquisadores de Experiências de Quase Morte, como o Dr. Raymond Moody e a Dra. Elisabeth Kübler-Ross, freqüentemente descrevem uma sessão de "revisão de vida". Um ou vários seres sábios e amorosos ajudam a revisar os acontecimentos de nossa vida. Uma atenção especial é dedicada aos nossos relacionamentos, à forma como lidamos com os outros.

Acho que a experiência da morte é praticamente igual. A revisão de vida é feita de uma maneira muito amorosa, sem julgamentos ou críticas. Porém, sentimos profundamente as emoções, tanto as nossas quanto as da outra pessoa, e assim aprendemos em um nível mais profundo.

Por exemplo, se generosamente ajudamos uma pessoa necessitada, sentimos seu amor e gratidão voltando para nós. Mas se agredimos ou magoamos alguém, emocional ou fisicamente, sentimos profundamente não só sua raiva como sua dor.

Que maravilhosa oportunidade de aprendizado.

Junto com os seres sábios planejamos então nossa próxima vida, para podermos retificar os erros que cometemos.

Estamos sempre crescendo e aprendendo.

Quando não precisarmos mais reencarnar, quando tivermos aprendido todas as nossas lições e pago todas as dívidas, então nos será dada uma escolha. Poderemos retornar voluntariamente a fim de ajudar a humanidade, servindo-a amorosamente. Ou poderemos ficar do outro lado, ajudando a partir daquele estado. Em ambos os casos continuamos a evoluir pelas dimensões celestiais.

Outras dimensões

"Os humanos sempre pensam em si mesmos como os únicos seres existentes. Não é o caso. Existem muitos mundos e muitas dimensões... muito, muito mais almas..."

"Há muitas almas nessa dimensão. Não sou a única. Devemos ser pacientes. Isto é uma coisa que eu nunca aprendi também... Há muitas dimensões..." Perguntei se ela estivera lá antes, se reencarnara várias vezes.

"Estive em planos diferentes, em épocas diferentes. Cada um deles é um nível de consciência superior. O plano para onde vamos depende do quanto progredimos..."

Existem mais pessoas do que nunca neste planeta. Mas há muito mais almas do que pessoas. Este não é o único mundo. As almas existem em muitas dimensões. São atraídas para este planeta em um número cada vez maior, porque nosso planeta é uma escola muito conhecida. Há tanto para se aprender aqui.

Quando menciono outras dimensões, quero falar de outros estados energéticos, ou mesmo de diferentes níveis de consciência, não necessariamente de outros sistemas planetários ou galáxias. Neste sentido, o que chamamos de Paraíso pode ser considerado uma outra dimensão.

Acredito que a energia do amor tem propriedades físicas e

extrafísicas e pode existir em todas as dimensões. O amor é a substância que liga e une todas as dimensões e os diferentes planos além do físico. Em cada dimensão ou plano existem muitos subníveis. Nós progredimos ao longo deles.

Em certo sentido, somos todos extraterrestres. Nenhum de nós começou neste planeta. Este planeta é mais como o ginásio, não o jardim-de-infância ou o primário. Quando nos formarmos, iremos para outro lugar.

Mas em todos os universos as almas são as mesmas.

Robert era um jovem garçom que, por causa das dificuldades em sua vida atual, era acometido de uma espécie de melancolia crônica que o impedia de ser feliz. Tinha problemas financeiros e costumava evitar relacionamentos porque fora magoado com muita freqüência durante sua infância. Muito estóico, seu rosto raramente traía suas emoções.

Em um profundo estado de transe, ele entrou em uma cena de uma espécie de jardim tropical. Imediatamente começou a chorar lágrimas de alegria e felicidade. Mal podia falar. Tal demonstração de emoção não era típica dele.

– Como você se sente? – perguntei-lhe.

– É só... só uma cena de floresta... é só meu *lar*... lar – respondeu muito lentamente. Sua voz manifestava muita emoção.

– Você parece estar sentindo algo profundo. O que é?

– Alegria... – Lágrimas continuaram a correr pelo seu rosto. Como ele não conseguia falar, acordei-o após alguns minutos, esperando que ele pudesse descrever mais no estado consciente.

– O que você vivenciou? – perguntei.

– Acabei de ver uma cena totalmente paradisíaca... muito exuberante... Não havia mais ninguém lá...

– Por que você acha que isso foi tão emocionante? – perguntei. Ele levou ainda algum tempo para conseguir falar.

– Sinto como se fosse inevitável voltar para lá algum dia. Tenho a sensação de que estive lá antes e que é um lugar para onde eu vou... por isso não quero me apressar e quero sentir os passos... gostar de dá-los.

Mais tarde, ele explicou a sensação de familiaridade, o sentimento de paz e segurança inacreditáveis que experimentara durante a regressão. Ainda tinha dificuldades para encontrar palavras que pudessem descrever sua visita àquele jardim paradisíaco, porque as palavras não eram capazes de expressar a beleza, alegria e majestade da experiência.

As características da experiência vivida por Robert me fazem acreditar que ele tenha tido uma experiência espiritual em vez de uma lembrança de vidas passadas. Ele reviveu, de certa forma, a alegria da volta para casa. A Terra, o mundo tridimensional, não é realmente nossa verdadeira casa. Somos seres espirituais e nossa verdadeira casa é uma casa espiritual, um lugar atemporal que muitos chamam de Céu.

Capítulo 8

Aquele que cura

"... devemos dividir o nosso conhecimento com os outros... temos todos mais capacidades do que as que usamos."

"Nós nos desenvolvemos através dos relacionamentos. Há pessoas com poderes superiores que voltaram com mais conhecimento. Elas vão procurar ajudar quem precisa se desenvolver."

Nessa escola que chamamos de Terra, não aprendemos todas as nossas lições simultaneamente. Como já disse, podemos já ter passado no curso sobre compaixão e caridade, mas ainda estar começando quanto à paciência ou ao perdão. Podemos ser formados em fé e esperança, mas estar no jardim-de-infância da raiva ou da não-violência.

De forma parecida, somos capazes de trazer conosco habilidades e talentos aprendidos em encarnações anteriores, habilidades que já dominamos, ainda que sejamos noviços em outras áreas. Existem entre nós muitos que já são peritos em certos cursos e habilidades e que estão aqui para partilhar seu conhecimento conosco, os alunos. Em outras áreas, podemos ser os professores e eles se tornam alunos.

Assim, somos todos professores e somos todos alunos, e devemos partilhar nosso conhecimento uns com os outros.

Muitos médicos escolheram ser médicos para poderem manifestar suas habilidades curativas, para ajudar e ensinar aos outros. De maneira inversa, um médico sábio sempre estará aberto para aprender com seus pacientes. O paciente é capaz de ensinar ao médico sobre amor, coragem, paz interior ou qualquer uma das outras lições que estamos aqui para aprender. Tanto o médico quanto o paciente se beneficiam.

A troca em nossos relacionamentos é um método importante de aprendizado e crescimento na escola da Terra. Chegará o dia em que todos terão aprendido as lições e se formado, mas é fundamental que todos nós cooperemos com o processo.

Uma paciente começou sua sessão reclamando de uma injeção antitetânica que infeccionara. Seu braço estava inchado, quente, dolorido e duro na área em que tomara a injeção. Seu médico pedira que o procurasse na manhã seguinte para começar um tratamento com antibióticos, sob pena de haver uma piora.

Tentei ajudá-la com hipnose. Ela entrou rapidamente em profundo transe e eu a instruí a trazer uma luz curativa para a área afetada do braço. Fiz com que visualizasse um fluxo de sangue cada vez maior indo para o lugar da infecção, limpando a área, levando embora células danificadas e eliminando bactérias prejudiciais. Ela imaginou vivamente células novas e saudáveis e a total ausência de doença.

No final da sessão, a dor desaparecera e a área infeccionada não estava tão quente. Não fiquei surpreso, pois a hipnose é usada há muito tempo como uma técnica para diminuir a dor. Quando foi dormir, a região inchada diminuíra, e na manhã seguinte o braço retornara completamente ao normal, sem vestígios de infecção.

Ela voltou ao médico.

– O que aconteceu com seu braço? Essas coisas nunca se curam sozinhas! – ele exclamou.

Ela guardou seu segredo, sabendo que ele não aceitaria aquela explicação, pois rejeitava medicina alternativa ou complementar. Se ela contasse o que acontecera, ele provavelmente zombaria dela.

Nenhuma remissão de doença é realmente espontânea. Podemos não estar conscientes dos mecanismos que atuam, mas poderosas forças curativas estiveram trabalhando "secretamente" para consertar os danos.

Conheci o Dr. Bernie Siegel muito antes de ele se tornar o famoso autor de vários livros maravilhosos sobre a conexão mente-corpo. *Love, Medicine and Miracles* (Amor, Medicina e Milagres) e *Peace, Love and Healing* (Paz, Amor e Cura) são dois de seus livros mais conhecidos.

Bernie era cirurgião-assistente no Hospital de Yale, com consultório em New Haven, Connecticut, quando eu estudava medicina em Yale e estagiava em cirurgia, no final dos anos 60. Escolhi observar e assistir ao trabalho dos cirurgiões porque geralmente eram mais ágeis e engraçados do que a equipe acadêmica, que tendia a ser mais autoritária, didática e rígida. Bernie e seu sócio, Dr. Richard Selzer, que também escreveu vários livros famosos, além de especialmente engraçados, eram excelentes cirurgiões técnicos e eu aprendi muito sobre cirurgia com eles.

Inicialmente cético em relação ao meu trabalho, Bernie teve sua primeira lembrança de vida passada há pouco tempo. A sua experiência ocorreu espontaneamente, em um avião, muitas milhas acima da terra. As memórias evocadas foram tão vívidas e poderosas que ele começou a chorar.

Naquela vida, Bernie tinha matado sua esposa Bobbie, com quem, na vida atual, tem um relacionamento especialmente íntimo, companheiro e amoroso. É claro que Bobbie estava em um corpo diferente na época. Bernie me contou que sua sensação é de estar tentando reparar o mal que causou a Bobbie naquela vida, quando era um guerreiro.

Agora que haviam se encontrado como almas gêmeas através dos tempos, mais uma dimensão nova e maravilhosa foi acrescentada à sua relação.

Os médicos precisam experimentar uma química mais profunda do que a encontrada em exames de sangue e laboratórios. Um dia, eu acordei por volta das seis horas da manhã de um sonho no qual estava dando uma palestra para uma grande platéia de psiquiatras:

"Na corrida em direção à medicalização da psiquiatria é importante que não abandonemos os ensinamentos tradicionais de nossa profissão. Somos aqueles que ainda falam com seus pacientes, com empatia e compaixão. Ainda investimos nosso tempo nisso. Promovemos a cura através da compreensão e do autoconhecimento, ao invés do uso exclusivo da tecnologia. Ainda usamos esperança para curar.

"Nos dias de hoje, outros ramos da medicina consideram essas práticas tradicionais muito ineficientes, lentas e inconsistentes. Preferem tecnologia à conversa, química sangüínea gerada por computador à química pessoal, que cura o paciente e dá satisfação ao médico. Abordagens humanitárias, idealistas e éticas estão perdendo terreno para abordagens econômicas, eficientes, isolantes. Conseqüentemente, nossos colegas médicos sentem-se cada vez mais isolados e deprimidos. Os pacientes, por sua vez, sentem-se pressionados, vazios e negligenciados.

"Devíamos tentar evitar a sedução da alta tecnologia. Devemos demonstrar como a paciência, a compreensão e a compaixão ajudam tanto o paciente quanto o médico. Passar algum tempo conversando, ensinando, despertando a esperança e a expectativa de recuperação. Essas qualidades semi-esquecidas do médico, que é visto como aquele que cura, precisam ser usadas sempre para darmos o exemplo aos nossos colegas médicos.

"A alta tecnologia é maravilhosa na pesquisa e no diagnóstico das doenças e males humanos. Pode ser uma ferramenta clínica inestimável, mas nunca poderá substituir as características e métodos pessoais do verdadeiro médico. A psiquiatria pode ser a especialidade médica mais nobre. Somos os professores. Devemos permanecer neste papel, especialmente agora."

Atualmente questiono a capacidade de a psicanálise e a psiquiatria contribuírem efetivamente para a felicidade e desenvolvimento pleno do ser humano, com conseqüências positivas para a qualidade de vida na Terra.

No que diz respeito à psicanálise, o número de pessoas que a ela têm acesso, o preço a ser pago pelo tratamento e o tempo necessário para que surta efeito são fatores altamente limitadores. Mas o que me parece a principal falha é o fato de a psicanálise ser essencialmente não-espiritual. Ela não considera a imortalidade da alma, sua sobrevivência após a morte física e, portanto, o que há de mais fundamental nas pessoas: sua dimensão espiritual. Pode funcionar para aliviar sofrimentos e promover alguma compreensão dos mecanismos emocionais, mas isto só ocorre quando o terapeuta, além de sua competência profissional, estabelece com o paciente uma conexão de afeto, interesse e dedicação. Sem essas qualidades no relacionamento, nenhuma cura se dá.

A psiquiatria biológica com freqüência também é insuficiente. Os medicamentos para tratar depressões, alterações de humor e estados psicóticos são meios para um fim, não o fim em si. O que os remédios podem fazer é criar no paciente as condições necessárias para aproveitar melhor uma terapia que atenda aos problemas psíquicos, considerando ao mesmo tempo o aspecto espiritual.

Muitos médicos são tão ocupados, estressados, absorvidos consigo mesmos ou gananciosos, que não conseguem encontrar tempo para ouvir seus pacientes e estabelecer com eles um relacionamento afetivo. Isto é trágico tanto para o médico quanto para o paciente. O médico nega a si mesmo a satisfação de conhecer o paciente de forma pessoal e perde a oportunidade de aprender através do encontro terapêutico. Sem a verdadeira gratificação que surge através da ligação pessoal, a prática da medicina torna-se estéril e mecânica, e o elemento humano é minimizado. O médico começa a sentir-se constantemente apressado e atrasado, e a depressão e a estafa são resultados comuns. O paciente também se sente apressado e sem apoio, existindo para o médico apenas como uma doença ou um órgão (ou pior ainda, como dinheiro), ao invés de como uma pessoa inteira ou mesmo um amigo. A dignidade e a humanidade do paciente ficam desgastadas.

Todos os médicos têm a oportunidade de se emocionar profundamente se passarem algum tempo ouvindo e aprendendo com seus pacientes. Muitos médicos me contaram a respeito de seus casos mais "estranhos", casos reveladores de aspectos que ainda não são ensinados nas faculdades de medicina.

Um eminente cirurgião plástico da região de Miami relatou-me uma história fascinante. Foi meses após a experiência, mas o rosto do cirurgião ainda refletia seu estarrecimento.

Uma paciente sua teve um sério acidente de carro, sofrendo um enorme trauma na cabeça, fraturas faciais e outros ferimentos internos. Uma cirurgia de emergência foi marcada às pressas, mas não se esperava que ela sobrevivesse.

Enquanto o cirurgião preparava a família, a paciente flutuou para fora de seu corpo. A reunião com a família estava acontecendo em outra parte do hospital, longe de onde a equipe médica tratava de seus ferimentos, mas ela os encontrou e ouviu a conversa, observando a tristeza e o desespero dos seus.

"Eu não estou morta", ela gritou, e ficou frustrada por ninguém poder ouvi-la e zangada por estarem comunicando à sua família que ela morreria. Ela então flutuou de volta para seu corpo físico, e sua vontade de sobreviver, combinada a um excelente atendimento médico, resultaram no que o médico chamou de uma recuperação milagrosa. "Ninguém se recupera de ferimentos como os dela", repetia. Mais tarde, ela foi capaz de reproduzir a conversa que o médico tivera com sua família. Não apenas evitara a morte física, mas também fora capaz, de alguma maneira, de acelerar expressivamente o processo de cura. Seus ossos e tecidos recuperaram-se com uma velocidade muito maior do que a normal.

Uma senhora idosa, cega por causa do diabetes, sofreu uma parada cardíaca durante sua internação no hospital no qual eu era chefe do Departamento de Psiquiatria. Ela estava inconsciente e a equipe de ressuscitamento tentava reanimá-la. Flutuou para fora do corpo e ficou perto da janela, observando enquanto os médicos administravam remédios através de tubos intravenosos inseridos às pressas. Ela observava, sem sentir nenhum tipo de dor, enquanto pressionavam seu peito e bombeavam ar para dentro de seus pulmões. Durante o ressuscitamento, uma caneta caiu do bolso de seu médico e rolou para perto da mesma janela, onde seu espírito desencarnado estava de pé observando. O médico dirigiu-se até lá, pegou a caneta e a colocou de volta no bolso. Então, retomou o esforço desesperado para salvá-la. E conseguiu.

Alguns dias depois, ela contou ao médico que havia observado a equipe trabalhando durante sua parada cardíaca. – Não – ele assegurou –, você provavelmente estava alucinando por causa da falta de oxigênio no cérebro. Isso pode acontecer quando o coração pára de bater.

– Mas eu vi sua caneta rolar para perto da janela – ela replicou. Então descreveu a caneta e outros detalhes do ressuscitamento. O médico ficou chocado, pois sua paciente não apenas estava em coma como também era cega há muitos anos.

Temos outras maneiras de ver do que apenas com os olhos.

Em outra ocasião, um dos médicos do hospital me chamou para examinar na sala de recuperação uma paciente que estava extremamente agitada e acordara gritando, após uma grande cirurgia. Ela recebera anestesia geral e estivera inconsciente durante a operação. Os cirurgiões haviam tido uma certa dificuldade em controlar sua pressão sangüínea e ritmo cardíaco durante a cirurgia. O anestesista controlara sua respiração e ela não se movera.

Durante a cirurgia ela flutuara acima de seu corpo e olhara do teto para baixo os cirurgiões que trabalhavam em seu corpo. A paciente ficou assustada quando sua pressão sangüínea e ritmo cardíaco tornaram-se anormais. Percebeu a preocupação na voz do anestesista, flutuou até onde ele estava e leu as anotações na ficha.

Quando acordou na sala de recuperação, em pânico por causa dessas anormalidades, foi capaz de me dizer o que fora escrito em sua ficha durante o procedimento cirúrgico.

Na sala de operações, ela estivera praticamente em coma e incapaz de se mover, e o anestesista estava escrevendo quase um metro atrás de sua cabeça. Era fisicamente impossível para ela ler aquela ficha. E ainda assim ela a lera.

Ouvi inúmeras histórias sobre pacientes com experiências de

quase morte e fora do corpo, contadas por médicos a quem não posso explicar em termos científicos ou fisiológicos o que, a meu ver, se passou. Eles são altamente especializados, lógicos e céticos, formados com o maior rigor em faculdades de medicina. Apesar disso, todos me relataram que, sem dúvida alguma, seus pacientes, ainda que inconscientes, haviam deixado seus corpos e "ouvido" e "observado" acontecimentos à distância.

Não acredito mais que esses acontecimentos sejam raros. Os pacientes relutam em contá-los a seus médicos, temendo que pensem que são malucos, achando que se tratava de alucinações.

E por que o médico deveria se arriscar, partilhando o que vivencia? Muitos psiquiatras têm tido medo de falar em público sobre suas experiências com regressão. Recebi telefonemas e cartas de centenas de psiquiatras e de milhares de psicólogos, assistentes sociais, hipnoterapeutas, enfermeiras e outros terapeutas dizendo-me que vinham fazendo regressões a vidas passadas "na privacidade de meu consultório" ou "em segredo, sem contar a nenhum de meus colegas", nos últimos cinco, dez ou às vezes vinte anos. Existem milhares de casos, com detalhes e dados inestimáveis. Há muitos relatos clínicos que podem ser validados e confirmados. As cartas que me enviam contam sobre lembranças detalhadas de vidas passadas, falam de pacientes recordando de nomes, datas e pormenores de suas vidas em outras cidades, países ou continentes. Alguns encontraram seus nomes "antigos" nos registros oficiais de lugares dos quais nunca haviam ouvido falar e muito menos visitado nesta vida. Alguns descobriram seus próprios túmulos.

O risco de ir a público é potencialmente grave. Os médicos temem que sua reputação, conseguida a duras penas, a segurança de suas famílias e mesmo seus relacionamentos sociais sejam prejudicados. Tenho consciência de que isso é ameaçador. Levei anos reunindo coragem para publicar minhas próprias descobertas em *Muitas Vidas, Muitos Mestres.*

Por outro lado, é justamente através de sua credibilidade que os médicos poderiam reforçar essas verdades ao exporem suas descobertas. Estariam assim beneficiando milhões de pessoas e também a si próprios. Compartilhar as verdades, seja sobre experiências fora do corpo ou de quase morte, casos de cura estranhos ou "milagrosos", exemplos da capacidade terapêutica das memórias de vidas passadas, só pode ajudar a humanidade. E ao desenvolver uma prática mais humana e abrindo-se para aprender essas verdades através de seus próprios pacientes e experiências, os médicos iriam se sentir mais felizes, mais satisfeitos e completos em suas vidas profissionais e privadas.

Eu sei! Já passei por isso.

Como aprender com um guru

"Devemos também aprender a não nos aproximarmos apenas das pessoas cujas vibrações sejam iguais às nossas. É normal sentir-se atraído por alguém do mesmo nível. Mas está errado. Você deve também se aproximar de pessoas cujas vibrações sejam contrárias... às suas. Esta é a importância... de ajudar... essas pessoas.

O nosso caminho é interno. Esse é o caminho mais difícil, a jornada mais dolorosa. Somos responsáveis por nosso próprio aprendizado. Esta responsabilidade não pode ser delegada a outra pessoa, não pode ser jogada em cima de algum guru."

Há muitos mestres extremamente sábios entre nós, capazes de nos mostrar a direção e de aliviar nossos fardos durante a jornada espiritual. Infelizmente, há também muitos impostores que, levados pelo orgulho, ganância ou por suas próprias inseguranças, se apresentam como mestres ou gurus. Dizem o que devemos fazer, quando eles mesmos não fazem. Obviamente é perigoso seguir tais pessoas.

O segredo para distinguir um verdadeiro mestre de um impostor é seguir a sua própria sabedoria intuitiva. Os ensinamentos parecem corretos para você? Eles são pessoas amorosas, compassivas, não-violentas e contribuem para diminuir seu medo e sua culpa? Incluem todos os outros grupos humanos como iguais, como almas divinas na mesma trilha do destino? Ensinam que ninguém é melhor do que ninguém, que estamos todos no mesmo barco? E afirmam que podem apenas apontar a direção, mas não podem levar-nos até lá? Tenha certeza de uma coisa: só você pode atingir seu objetivo. Só você pode experimentar o amor, a felicidade, o equilíbrio e a harmonia, porque a sua viagem para casa é uma jornada interior, um retorno para si.

Os gurus nos ensinam habilidades e técnicas. Podem nos ajudar a compreender. Podem contribuir para que sejamos capazes de remover medos e obstáculos. Podem apontar na direção da porta, mas somos nós que temos que atravessá-la.

Como o reino dos céus realmente existe *dentro* de nós, toda a alegria e felicidade vêm do nosso interior. Não seremos resgatados por outra pessoa. Em vez disso, teremos a sensação de despertar, como se estivéssemos acordando de um longo sono. Iremos nos "salvar" quando experimentarmos o amor verdadeiro e nos tornarmos iluminados.

Existia na televisão americana um personagem que, quando cometia algum "pecado", ficava de pé, com as mãos nos quadris, e dizia: "O diabo me fez fazer isso!" Isso levava-nos a pensar que não somos responsáveis por nossos atos, como se alguma força externa, o diabo no caso, fizesse o personagem agir daquela forma. Não há nenhuma força externa que seja responsável por nossos atos. E assim como você tem que assumir total responsabilidade por seu comportamento negativo ou prejudicial, também tem que assumir responsabilidade por seu comportamento positivo e amoroso. Ninguém mais pode fazer isso por você.

Nenhum demônio pode atingir-nos e nenhum guru pode salvar-nos.

No final de um dia de trabalho, depois que minha equipe foi embora e o escritório ficou silencioso, na luz declinante do crepúsculo, entrei em um profundo estado de meditação. O dia terminara em um clima de frustração e, com os anos, eu aprendera que meditar em um local silencioso, na hora do pôr-do-sol, me acalma.

Minha última paciente naquele dia mais uma vez não conseguira recuperar qualquer memória de vidas passadas. Tinha muita dificuldade até mesmo em relaxar e alcançar níveis mais profundos de consciência. Sempre parecia ficar inquieta em um determinado ponto do exercício de relaxamento. Retornava espontaneamente para a consciência desperta e implorava para que eu a levasse a um nível mais profundo.

Esta mulher, que é uma leitora voraz, leu muitos livros e artigos sobre metafísica. Participou de muitos seminários e *workshops* da Nova Era. Leu e testemunhou as experiências de outras pessoas, mas, apesar de desejar ardentemente, nunca tivera suas próprias experiências.

Ultimamente ela vinha lendo livros a respeito do Sai Baba, o famoso mestre espiritual indiano, e pensava em ir até a Índia para visitá-lo. Talvez ele pudesse ajudá-la a sair de seu impasse.

Eu soube imediatamente que as mensagens e imagens que flutuavam em minha consciência, enquanto eu meditava naquela tarde tranqüila, pertenciam a ela, minha paciente frustrada.

"Nossa tarefa não é seguir o Sai Baba", começava a mensagem, "mas *ser* o Sai Baba." Esperei pacientemente por mais.

"Ele é o amor em ação, e você tem que ser o amor em ação. A tarefa de sua paciente nesta vida é manifestar o amor, servindo os outros."

Neste ponto, comecei a receber imagens visuais de suas vidas passadas, um caleidoscópio de imagens passando diante de mim. Vi existências monásticas e o motivo de sua frustração tornou-se claro para mim.

Ela vivera muitas vidas solitárias, em monastérios e em conventos. Dominara a arte de se interiorizar, de meditar em níveis internos mais profundos. Por isso, talvez na vida atual ela precisasse viver no mundo real, no meio de pessoas reais com problemas reais, para ajudar essas pessoas. Precisava exteriorizar seu amor e compaixão em forma de atos. Para isto foi posto um bloqueio em sua meditação. Se não fosse assim, ela teria voltado a seu antigo padrão, mergulhando apenas nos estados interiores e negligenciando o objetivo de sua alma nesta vida. Não estaria agindo no mundo, no meio das pessoas.

Na sessão seguinte, contei-lhe sobre minha experiência durante a meditação. Ela pareceu ficar imediatamente aliviada, como se um grande peso tivesse sido retirado de seus ombros. Ela não era um fracasso; apenas estava sendo guiada pelo caminho que escolhera nesta vida.

A partir desse dia, começou a se oferecer como voluntária em obras assistenciais e empenhou-se em levantar recursos para instituições de ajuda aos pobres. Sentia-se mais feliz do que nunca.

O interessante é que, à medida que se dedicava a esse serviço, sua capacidade de meditar foi voltando. Sentia-se equilibrada e nosso trabalho terapêutico chegou ao fim naturalmente.

"Nossa tarefa não é seguir o Sai Baba, mas *ser* o Sai Baba."

"Tudo se esclarecerá no devido tempo. Mas você precisa pacientemente digerir o conhecimento que já lhe transmitimos."

Há alguns anos, participei de um enorme congresso da Nova Era em Los Angeles. Cerca de quarenta mil pessoas se inscreveram e pagaram para ouvir uma imensa variedade de palestrantes, desde sérios professores universitários e cientistas até oportunistas arrogantes, vendendo suas mercadorias. Havia físicos e havia líderes espirituais. Fiquei muito confuso. Como são selecionadas essas pessoas? Como distinguir uns dos outros? Senti vontade de defender aquelas quarenta mil pessoas.

Participei de muitas palestras e *workshops*. Alguns dos palestrantes eram brilhantes, especialmente os cientistas, e tinham muito a ensinar. Alguns eram terríveis, fazendo declarações absurdas, sem nenhuma informação ou base para comprovar. Quando eu olhava para a platéia onde tais declarações eram feitas, via muitas pessoas balançando a cabeça, aceitando sem resistência ou contestação.

A maioria estava participando porque desejava algo mais na vida. Muitos queriam ver confirmadas suas próprias experiências psíquicas e intuitivas. Queriam novas experiências e percepções. Queriam crescer. Queriam ser estimulados. Queriam ter experiências. Queriam o que todos nós queremos: uma forma de encontrar e experimentar alegria, paz, contentamento e felicidade.

Mas a maior parte deixara suas mentes céticas, perceptivas e criteriosas em casa.

Gostaria de ter podido me comunicar com todos os quarenta mil. Teria lhes dito para aprenderem a meditar e para olharem para dentro, para se livrarem de velhos pensamentos, atitudes e tendências viciadas, para pararem de procurar respostas externas, mudanças mágicas e curas rápidas. Ninguém pode fazer isso por você.

Torne-se mais espiritual. Passe algum tempo orando, doando-se, ajudando os outros, amando. Ofereça-se num trabalho voluntário e expresse generosidade e amor. Livre-se do orgulho, do egoísmo, da raiva, culpa, vaidade e ganância. Passe menos tempo acumulando objetos, preocupando-se, vivendo no passado ou no futuro, magoando os outros e usando qualquer tipo de violência.

Nunca aceite qualquer idéia vinda de fora antes de avaliá-la com a sua sabedoria intuitiva. Verifique se ela estimula o amor, a bondade, a paz e a unidade. Ou se reforça a discriminação, a distância, a divisão, as diferenças, a raiva, o autocentrismo e a violência.

Você é imortal. Está aqui para aprender, para crescer em sabedoria, para tornar-se à semelhança de Deus. O que aprende aqui leva com você quando morre. Não pode levar mais nada. É tão simples. O reino dos céus está dentro de nós. Pare de ir de guru em guru. Procure dentro de você. Logo irá encontrar seu verdadeiro lar.

Capítulo 9

Mudando o mundo

"Coexistência e harmonia... Tudo deve estar equilibrado. A natureza é equilibrada. Os animais selvagens vivem em harmonia. Os seres humanos não aprenderam a fazer isso. Continuam a se destruir. Não existe harmonia, nenhum plano para o que fazem. É tão diferente da natureza. A natureza é equilibrada. A natureza é energia e vida... e restauração. E os humanos apenas destroem. Destroem a natureza. Destroem outros seres humanos. Acabarão por se destruir."

Durante uma meditação, vi nosso planeta tomando a forma de uma escola com um só aposento, do tipo antigo, onde crianças do primário ao ginásio ocupavam todas a mesma sala e uma única professora ensinava a todas as séries.

A escola parecia estar com problemas. Estudantes mais novos perturbavam os mais avançados. Não havia harmonia ou cooperação. O prédio da escola estava sendo desfigurado. Eu sabia que ela pararia de funcionar se o caos continuasse.

Vi então várias escolas modernas, cada uma aninhada em seu próprio *campus*. Uma escola primária, um ginásio e uma escola de segundo grau. Cada uma especializada em algo, e o acesso concedido apenas aos estudantes selecionados. As turmas eram organizadas, mas faltava a intensidade e a energia da escola com apenas um aposento.

Será que nossa escola de uma só sala, nosso planeta, está se transformando em componentes desconexos devido ao caos da sociedade? Estará chegando a hora de os estudantes mais atrasados serem separados dos mais avançados? Será necessário que aqueles que ainda praticam a violência, raiva, ganância e medo fiquem isolados dos que conquistaram o amor, perdão, compaixão e bondade?

A meditação terminou, mas o final da visão parecia vago. Eu sabia que haveria salvação se a solidariedade, a harmonia e o amor pudessem, de alguma forma, encher nossa escola de uma só sala, fazendo com que os alunos mais velhos ajudassem a ensinar os mais novos, havendo um professor com vários assistentes.

Entretanto, se a desarmonia, o medo e o egoísmo prevalecessem, a escola teria que ser substituída por vários prédios separados, mais seguros, porém, de certa forma, mais estéreis.

A escolha é nossa.

Todos nós sonhamos com uma vida melhor em uma sociedade melhor. Entretanto, tornou-se difícil passar um dia inteiro sem sofrer desilusão, agressão e esgotamento causados pelo egoísmo e maldade que nos cercam. Há tantas pessoas que parecem interessadas apenas em seus ganhos pessoais. Tornaramse rudes e arrogantes, fechadas e insensíveis. Não apenas seus atos nos deprimem e agravam a situação geral, como a maioria de nós sente que não há nada que possamos fazer para mudar isso, que apenas aqueles que estão no comando teriam a capacidade de fazê-lo. Como uma praga, essas atitudes e valores puramente materialistas se alastram pelo mundo.

Se aceitarmos nossa tarefa de *sermos* os seres iluminados de nosso planeta, poderemos começar a mudar o mundo. Realisticamente, acho que as mudanças irão ocorrer lentamente, à medida que começarmos a praticar atos de bondade todos os dias, a fazer pequenas coisas capazes de ajudar as outras pessoas a serem mais felizes. Talvez a resposta esteja em oferecer-se como voluntário para ajudar os mais carentes. Talvez seja alguma coisa muito simples, como ter um gesto afetuoso com alguém, fazer uma gentileza, sem pedir ou esperar nada em troca.

Durante anos, a atriz e apresentadora de televisão Oprah Winfrey vem defendendo a prática de pequenos atos de bondade todos os dias. Esses atos não têm que ser caros ou complicados. Podem não passar de um sorriso carinhoso, um elogio espontâneo, uma ajuda a alguém que esteja precisando. Podem ser uma palavra gentil, um gesto atencioso, um ato generoso, uma atitude solidária, uma alegria partilhada, uma mão estendida. Uma grande transformação em nossa sociedade começaria então, pouco a pouco, um passo de cada vez. As pessoas se sentiriam reconfortadas pela bondade dos gestos dos outros e tenderiam a reproduzi-los. As atitudes provocadas pelo medo e as posturas defensivas movidas pela insegurança começariam a se dissolver com o calor da bondade.

Gentileza e carinho não podem ser reservados apenas a nossos amigos e parentes. Assim, a sociedade não mudará em nada. Precisamos nos aproximar das pessoas estranhas, não apenas daqueles que se parecem conosco.

Se conseguíssemos que todo mundo realizasse alguns atos de bondade diariamente, poderíamos começar a mudar o mundo. Nossos dias pareceriam mais suaves, acumularíamos pequenas alegrias e nossa esperança no futuro seria reforçada.

O padrão de comportamento bondoso e solidário em relação a nossos irmãos seres humanos deveria ser o legado e o principal produto de exportação dos Estados Unidos, não as práticas comerciais baseadas na ganância, que têm o dinheiro como objetivo e a competição desleal e irresponsável como meios para este fim.

Todos os verdadeiros mestres da humanidade, desde o início dos tempos, vêm falando sobre amor e compaixão em nossos relacionamentos e em nossas comunidades. Não desperdiçaram seu tempo nos instruindo sobre como acumular riqueza material em excesso às custas dos outros. Não nos ensinaram a ser maus, autocentrados, rudes ou arrogantes.

O verdadeiro mestre apontará a direção, mostrando o que é importante para nossa evolução espiritual e o que não é importante, o que pode ser um impedimento ou um obstáculo. Cabe a nós traduzir seus ensinamentos em nossa vida cotidiana. Sendo solidários e carinhosos, praticando atos de amor.

Não existe um cronograma para mudar o mundo. A única coisa importante é começar. Se é verdade que uma jornada de dois mil quilômetros se inicia com um passo, então o primeiro passo consiste em desapegar-se do medo e do isolamento e começar a praticar atos de bondade e gentileza, espontâneos ou planejados, grandes ou pequenos, e fazê-lo todos os dias. Se a maioria de nós agisse assim, não precisaríamos mais de gurus. Estaríamos fazendo o que eles vieram nos ensinar.

O mundo não deixará de ser violento, competitivo e cheio de ódio através dos esforços de apenas alguns indivíduos iluminados, mesmo que sejam poderosos líderes. Em vez disso, os atos de bondade e compaixão cotidianos partilhados entre as pessoas e dentro de pequenos grupos podem transformar nosso planeta em um lugar mais amoroso e solidário. As pessoas têm que entender que somos todos iguais, que estamos todos lutando por um pouco de paz, felicidade e segurança em nossas vidas cotidianas. Não podemos continuar brigando, agredindo, explorando e matando uns aos outros.

Nossos filhos nos observam atentamente. Eles se formam baseando-se no que observam: nosso comportamento, nossos valores e nossas atitudes. Se exercemos a raiva ou somos violentos, eles farão o mesmo. Uma de nossas tarefas mais importantes é ensinar às nossas crianças os valores e comportamentos amorosos enquanto são pequenas, pois até os bebês nos observam com atenção e entendem muito mais do que pensamos.

Lembro-me de ler há alguns anos a respeito dos hopis, uma tribo de índios americanos. Em seu sistema educacional, se um aluno não soubesse a resposta a uma pergunta feita durante a aula, nenhum outro aluno levantava a mão para responder. Era considerado grosseiro e pouco civilizado constranger ou humilhar o colega. Não era importante impressionar o professor com o seu próprio brilhantismo, e era considerado cruel evoluir às custas de um companheiro.

Nas modernas escolas de nosso mundo ocidental "civilizado", é claro que haveria uma multidão de mãos levantadas para tirar vantagem do infeliz estudante que não sabia a resposta. Somos ensinados a lucrar às custas dos outros, a atropelar e pisar nossos iguais na escalada para o topo. Somos ensinados a ser competitivos e desleais, a descontarmos nos outros nossas frustrações, sem nos preocuparmos com seus sentimentos. Pouco importa que estejamos humilhando o colega que não sabe a resposta. O importante é impressionar o professor.

Estas são as sementes da violência, plantadas dentro de nós desde muito cedo. Mas podemos despertar, entender a natureza dessas sementes internas e exterminá-las. Esse processo exige uma tomada de consciência de nossa natureza mais profunda, e não é fácil.

Há alguns anos, eu dava um curso de farmacologia sobre o abuso de álcool e drogas para os estudantes de medicina do segundo ano na Faculdade de Medicina de Miami. Como eu estava mais interessado no que os estudantes aprendiam do que em suas notas, decidi eliminar o exame final do curso. Achava que os alunos poderiam se concentrar melhor no assunto se estivessem menos ansiosos.

A universidade exigiu que eu aplicasse um exame final, que acabou consistindo de 120 perguntas e algumas dissertações. Informei isso à turma na última aula antes do exame, marcado para a semana seguinte, e lhes disse quais as perguntas e dissertações que iriam cair. Propus que dedicássemos aquela aula à discussão das respostas. Desta forma, pensei, não apenas eles realmente entenderiam meu curso como todos poderiam tirar nota 10 no exame. Levei o plano adiante.

Quando comecei a rever as provas, fiquei abismado. Eu realmente esperava que todo mundo conseguisse uma boa nota. Em vez disso, constatei que apenas uma pequena porcentagem tirara 10, outra semelhante tirara 0 ou 1 e a maior porcentagem ficara no meio, com notas que variavam de 3 a 8. Como isso podia acontecer? Eu dera as questões e as respostas uma semana antes do teste.

Uma das alunas, filha de um amigo, escrevera uma dissertação perfeita. Perplexo, perguntei-lhe o que acontecera.

– Eles não acreditaram em você – ela respondeu. – Acharam que você os estava enganando, dando as perguntas e as respostas erradas e que mudaria tudo no exame final. – Felizmente ela acreditara em mim.

Estes alunos já estavam condicionados por sua cultura a serem cínicos, desconfiados e incrivelmente competitivos. Esses seriam os nossos médicos da próxima década, aqueles que iriam nos curar. Pessoas cínicas, competitivas, desconfiadas.

Nossa cultura "civilizada" não está funcionando. E, para mudar as coisas, temos que começar com nossas crianças, mostrando para elas a importância do amor e da bondade, da fé e da esperança, da compaixão e da não-violência, da importância de tratar uns aos outros com respeito e dignidade, não como objetos a serem escalados no caminho para o sucesso material.

Gurus e presidentes não podem fazer isso por nós. Cada um

de nós é responsável, em nossos encontros diários, por se aproximar e ajudar o outro com atos de bondade, sem se preocupar com o retorno, e a fazer isso altruisticamente.

Desta forma, podemos mudar o mundo.

Se você não tem oportunidade de fazer grandes coisas, pode fazer pequenas coisas de uma forma grandiosa.

Capítulo 10

O outro lado

"Aprender no estado espiritual é muito mais rápido do que no estado físico. Mas escolhemos o que precisamos aprender. Se precisamos voltar para desenvolver um relacionamento, voltamos. Se já o concluímos, vamos em frente. Na forma espiritual, você sempre pode contactar aqueles que estão na forma física, se quiser fazê-lo. Mas apenas se for importante... se tiver que lhes dizer algo que eles precisam saber. Às vezes, você pode aparecer diante dessa pessoa... e ter a mesma aparência que tinha quando estava aqui. Outras vezes, faz apenas um contato mental. Às vezes, as mensagens são enigmáticas, mas na maioria das vezes as pessoas sabem do que se trata. Elas entendem. É um contato de mente para mente."

Minhas pesquisas e experiências com milhares de pacientes e minha investigação a respeito das habilidades de alguns dos mais talentosos médiuns e sensitivos do mundo demonstraram que não estamos sozinhos no universo. Além de nossa dimensão física, o mundo "invisível" parece ser povoado por uma miríade de espíritos com habilidades e em estágios variados. Alguns são altamente evoluídos, e outros, muito menos. Alguns tiveram vidas físicas na Terra e estão num período entre vidas. Outros "se formaram" e não têm que voltar, a não ser que queiram, a fim de ajudar a humanidade. Ainda existem outros que não encarnaram em nosso mundo físico e nos ajudam do outro lado. São chamados de espíritos, anjos, guias ou consciência.

Quando morremos e deixamos nossos corpos físicos, nos dirigimos para o nível de consciência onde nos sentimos mais confortáveis. Quanto mais amorosos e sábios somos, maior e mais apurado é nosso estado de energia e nossa vibração, e o nível que alcançamos no estado espiritual será mais avançado. Apesar de o objetivo não ser a recompensa, somos recompensados mesmo assim por nosso crescimento no plano físico.

É com a mente treinada e cética de um psiquiatra que avalio minhas experiências. Apesar de tantos anos de prática, ainda fico espantado com a similaridade dos conhecimentos de que meus pacientes tomam consciência e me transmitem quando mergulham profundamente num estado de meditação ou hipnose. Seja o paciente um estudante, um físico nuclear, um advogado, um atleta profissional, eles me contam praticamente as mesmas coisas a respeito do estado espiritual e de nosso propósito na Terra. Esta similaridade de informações concede uma credibilidade considerável a suas experiências.

Todos nós já ouvimos falar sobre as habilidades de certos videntes do Oriente, mas existem outros com habilidades semelhantes no mundo ocidental. Tive a sorte de conhecer alguns deles, pessoas muito especiais, e fui duplamente abençoado por descobrir que seu trabalho confirma as experiências e relatos de meus pacientes.

Os espíritos, assim como as pessoas, estão em muitos níveis. Aqueles dos níveis mais baixos podem transmitir mensagens enganosas ou até mesmo prejudiciais normalmente para pessoas pouco desenvolvidas espiritualmente e com habilidades mediúnicas limitadas. Os espíritos de nível mais alto parecem ser acessíveis apenas às pessoas com maior desenvolvimento espiritual.

O contato com essas pessoas, cuja motivação é ajudar os outros a compreender, assistindo-os em seu caminho espiritual, pode promover uma profunda mudança em nossa consciência.

O mundo irá parecer diferente, cheio de ajudantes invisíveis, e banhado em uma energia amorosa que renova sua alma.

Podemos também viver experiências que causam uma transformação de vida. Sonhos, experiências de *déjà vu*, episódios de clarividência e outras ocorrências paranormais – incluindo a Experiência de Quase Morte – podem provocar um despertar permanente para a verdadeira natureza da realidade. A meditação aumenta a possibilidade de que essas experiências aconteçam.

Porém, nós tendemos a esquecer nossas experiências, ou racionalizá-las e minimizá-las, permitindo que nossas mentes "lógicas" desprezem o seu significado espiritual. Alguém disse que o que nós chamamos de coincidências na verdade são as impressões digitais de Deus.

Só posso regredir um número limitado de pessoas e não consigo treinar terapeutas em número suficiente para atender a todos. Mas posso compartilhar essas histórias e experiências verdadeiras com vocês, fazendo-os lembrar mais uma vez que possuem uma natureza espiritual e de que há uma abundante energia amorosa e protetora nos preenchendo e envolvendo o tempo todo.

Porque, como ensinaram os místicos, não somos seres humanos tendo um experiência espiritual. Somos seres *espirituais* tendo uma experiência humana.

À medida que fui explorando mais e mais a mente humana e os limites da consciência, deparei-me com algumas pessoas com habilidades extraordinárias. Algumas são realmente sensitivas e podem receber informações que normalmente não estão disponíveis através dos cinco sentidos habituais. Parecem possuir um sexto sentido, um conhecimento ou uma intuição interna, e às vezes a informação recebida desta forma pode ser bastante precisa.

Algumas têm habilidades mediúnicas, a capacidade de receber e transmitir mensagens e conhecimento vindos de seres "do outro lado", seja de guias espirituais, de entes queridos que morreram ou de outras fontes de consciência fora dos limites habituais do corpo e do cérebro.

Por outro lado, o campo dos sensitivos e médiuns está cheio de oportunistas e manipuladores. É muito importante ser capaz de separar os verdadeiros dos fraudadores.

Eis aqui algumas regras empíricas para fazer essa distinção:

1. Todos nós somos sensitivos e possuímos habilidades intuitivas muito além do que sabemos ou usamos. Pese cuidadosamente qualquer informação ou material que receber de um sensitivo, tendo como medida a sua própria sabedoria intuitiva. Se a informação não lhe parecer correta, provavelmente não é mesmo. Você também tem capacidade sensitiva.

2. Todas as informações recebidas por sensitivos ou médiuns são processadas por suas próprias mentes antes de serem transmitidas a você. Portanto, a informação pode ser bastante distorcida pelos processos mentais do sensitivo, por seus próprios problemas e objetivos. Até mesmo um sensitivo muito dotado corre o risco de fornecer informações altamente distorcidas se seus problemas pessoais, humor, preocupações ou desejos interferirem com o processo mediúnico. Como os sensitivos são humanos e todos nós temos problemas, a quantidade de distorção pode variar de cinco ou dez por cento a noventa e cinco ou cem por cento.

3. Os oportunistas normalmente cobram muito caro por um atendimento e tentam fazer o cliente tornar-se dependente deles, para que continue voltando. Apresentam-se como "especiais", com habilidades que ninguém mais possui, ou como gurus que você deve seguir. Tente sair rapidamente quando perceber essas táticas.

Fiquei agradavelmente surpreso ao encontrar na América do Sul médiuns e sensitivos muito dotados, alguns com capacidade de cura, que ganham seu sustento com outras profissões e, freqüentemente, vão à casa de uma pessoa carente que precisa de cura ou ajuda. Perdem tempo de trabalho, pagam seu próprio transporte e não cobram nada dessas pessoas.

4. O verdadeiro crescimento é um processo interno. Um sensitivo pode ajudar-nos a atingir nossa sabedoria interior. Mas com a meditação e o desenvolvimento da consciência, você é capaz de se tornar o seu próprio sensitivo, dispensando a necessidade de orientação externa. No começo, porém, a orientação de um sensitivo ou de um médium pode ajudar muito.

5. Habilidades psíquicas e mediúnicas não estão necessariamente relacionadas à evolução espiritual. Sabe-se que pessoas muito dotadas são capazes de atitudes bastante egoístas, até mesmo desprezíveis. Não considere que alguém é desenvolvido espiritualmente só porque possui habilidades paranormais extraordinárias, pois você corre o risco de sofrer manipulação e prejuízo. É fundamental que o médium ou sensitivo seja uma pessoa desenvolvida espiritualmente.

6. Também é importante lembrar que, com algumas exceções, médiuns e sensitivos não são terapeutas da saúde mental e emocional, nem receberam treinamento em técnicas terapêuticas. Não espere que seus medos, sintomas ou problemas desapareçam milagrosamente. São precisos anos de treinamento e experiência em terapia para que alguém esteja preparado para analisar e interpretar o material que pode surgir. O médium e o sensitivo discernem este material, apresentam-no a você e é só isso. O vislumbre de outro mundo ou de outra dimensão pode ser extremamente valioso e benéfico para você, mas esse vislumbre não é psicoterapia.

Se um médium lhe diz algo impreciso ou até mesmo prejudicial, lembre-se de que ele ou ela não é terapeuta. Julgue essa pessoa da mesma forma que julgaria qualquer outra. Não entregue seu poder ou sua integridade a ninguém.

7. Ainda que com freqüência admiremos e até mesmo invejemos pessoas com habilidades psíquicas ou mediúnicas avançadas, não devemos perder de vista nossos verdadeiros objetivos. Estamos aqui para aprender e para crescer como seres espirituais, para nos tornarmos mais amorosos e mais compassivos, para alcançar equilíbrio e harmonia em nossas vidas, para sentir e manter uma sólida sensação de paz interior. Não estamos aqui, novamente com poucas exceções, para nos tornarmos sensitivos famosos. Os talentos psíquicos e mediúnicos podem aumentar à medida que progredimos no caminho espiritual, mas não são o objetivo.

Há alguns anos ouvi uma história sobre Buda e seus discípulos:

Um dia, Buda e um grupo de discípulos estavam meditando em um tranqüilo jardim. O grupo estava junto há muito tempo e todos haviam se tornado adeptos da meditação.

Um dos discípulos, sentado na posição de lótus, em um profundo estado meditativo, começou a levitar, a sentir seu corpo se erguendo do chão. Ficou muito animado, muito orgulhoso de sua façanha. Despertou da meditação e sentiu-se cair no chão. Levantou-se e dirigiu-se ao local onde Buda estava meditando.

– Dominei a levitação – o discípulo anunciou com orgulho.

– Que bom – Buda respondeu – mas não deixe que isso o distraia de sua meditação.

8. Algumas pessoas dotadas parecem ser capazes de se comunicar com espíritos do outro lado. Por mais que possamos interpretar os possíveis métodos e mecanismos, algo muito real e poderoso está acontecendo.

Ainda assim, só porque alguém morreu e retornou à forma espiritual isso não confere imediatamente grande sabedoria a esse ser. O mesmo é verdade em relação a guias espirituais e guardiões. Existe uma hierarquia de níveis, que vai dos espíritos ignorantes e tolos até aqueles que são verdadeiros mestres avançados. Obviamente é importante distinguir as diferenças. Se alguém está servindo de canal para um espírito tolo e ignorante, por que motivo você deveria ouvir o que está sendo dito?

Mais uma vez, use a sua própria sabedoria intuitiva. Espíritos de níveis mais altos, além de fornecerem detalhes para confirmar a experiência, podem ser reconhecidos pelo conteúdo amoroso e espiritual de suas mensagens.

Um médium não desenvolvido espiritualmente, mesmo que seja dotado e que esteja transmitindo informações de um espírito de nível inferior, deve ser evitado, porque essa combinação é potencialmente prejudicial e destrutiva.

9. O médium pode receber mensagens vindas do outro lado na forma de símbolos, metáforas ou visões, de maneira muito precisa. Entretanto, quando o médium tenta interpretar ou dar sentido ao símbolo, com freqüência introduz distorções na mensagem, tornando a interpretação errônea ou imprecisa. Eu prefiro que o médium, em vez de interpretar, simplesmente descreva o que está vendo.

Às vezes, especialmente quando as mensagens são recebidas em forma de palavras, a recepção da comunicação pode ser confusa ou difícil, como se fosse um rádio com muita estática, dificultando a compreensão das palavras. Esta "interferência" explica por que médiuns com freqüência pedem um sim ou um não para suas perguntas, comentários ou para o conteúdo de suas mensagens. As respostas lhes dizem se estão entendendo ou interpretando direito os sinais recebidos.

10. Sensitivos e médiuns dotados podem nos ajudar muito, especialmente quando fornecem vislumbres do outro lado e nos trazem mensagens de nossos entes queridos. Através deles experimentamos a realidade da vida após a morte, a natureza de nossas almas imortais, a oportunidade de nos reunirmos com nossas famílias e amigos. Podem nos orientar sobre como viver

a vida, sobre valores, sobre o que é importante e o que não é. Mas, em última análise, precisamos vivenciar diretamente essas coisas, dentro de nós mesmos. O caminho para Deus é uma viagem interior. Podemos ser ajudados e orientados, mas nenhuma outra pessoa pode fazer a viagem por nós.

"É neste plano que algumas almas têm permissão para se manifestar para as pessoas que ainda estão na forma física. Elas têm permissão para voltar... apenas se deixaram de cumprir algum compromisso. Nesse plano, a intercomunicação é permitida. Mas nos outros planos... É aqui que permitem que você use suas habilidades psíquicas e se comunique com pessoas na forma física. Há muitas maneiras de fazer isso. Alguns recebem o poder da visão e podem se mostrar para as pessoas que ainda estão na forma física. Outros têm o poder do movimento e podem mover objetos telepaticamente. Você só vai para esse plano se for útil. Se você deixou de cumprir algum compromisso, pode escolher voltar e se comunicar de alguma forma. Mas isso é tudo... para que o compromisso seja cumprido. Se sua vida terminou abruptamente, isso seria motivo para você ir para esse plano. Muitas pessoas escolhem vir para cá porque podem ver aqueles que ainda estão na forma física e que são muito próximos deles. Porém, nem todo mundo escolhe ter comunicação com eles. Para algumas pessoas pode ser extremamente assustador."

Uma paciente minha estava sofrendo profundamente com a morte de seu filho, que morrera aos treze anos. Sua morte fora súbita e inesperada, devido a um problema cardíaco não diagnosticado. Sua irmã estava ao seu lado quando ele morreu.

A família começou a se consultar comigo para que eu os ajudasse a lidar com a tragédia. Passados dois anos, a mãe veio até o consultório com o marido, sua filha de doze anos e uma filha recém-nascida, que estava agitada e com fome. Ela saiu para amamentar o bebê, deixando os outros dois em meu consultório.

Começamos a conversar sobre questões de tráfego, e o pai de repente pareceu ficar muito triste. Perguntei-lhe a razão.

– Meu filho teria quinze anos agora. Eu o estaria ensinando a dirigir, se estivesse vivo... Sempre quis dirigir com ele, e agora nunca terei a oportunidade – concluiu sombriamente.

Conversamos sobre sua tristeza durante algum tempo e passamos a outros assuntos.

A mãe e o bebê retornaram, e eu comecei um exercício orientado de projeção de imagem com a mãe e a filha mais velha. O pai estava botando o bebê para dormir no fundo do consultório. Instruí as duas para visualizar um lindo baú e o encher com as coisas de que realmente precisavam na vida. A mãe começou a chorar em silêncio.

Mais tarde, perguntei o que havia acontecido com ela.

– Eu vi o meu filho – ela respondeu – e ele era muito claro e real para mim. Comecei a botá-lo no baú e então ele falou comigo!

– Você não precisa me colocar no baú – ele disse.

– Mas eu quero você comigo o tempo todo – ela respondeu mentalmente.

– Eu estou com vocês o tempo todo – ele respondeu – Eu amo todos vocês... Diga para o papai que ele está certo. Adoro dirigir com ele, especialmente quando está sozinho.

Ela não ouvira nossa conversa anterior.

Nós somos seres espirituais. Todos nós somos capazes de ter experiências psíquicas ou mediúnicas diretas, assim como essa mãe fez com seu filho.

Ainda assim, para a maioria de nós, é mais fácil receber tais mensagens vindas do outro lado através de médiuns dotados e desenvolvidos espiritualmente. O impacto dessas mensagens de nossos entes queridos tem um enorme poder de transformação.

Capítulo 11

Mensagens extraordinárias

*

"Recebemos poderes intuitivos que devemos seguir sem tentar resistir. Aqueles que resistirem irão se deparar com o perigo. Não somos mandados de volta de cada plano com poderes semelhantes. Alguns possuem poderes maiores do que outros porque foram acumulados de outras épocas. Portanto, as pessoas não são criadas iguais. Porém, acabaremos atingindo um ponto onde todos seremos iguais."

Não morremos quando nossos corpos físicos morrem. Uma parte de nós continua. Espírito, alma, consciência. É como atravessar uma porta para outro espaço, um espaço maravilhoso, maior e mais brilhante. É por isso que não devemos ter medo. Estamos sempre cercados de amor. Nossos entes queridos nunca partem. Somos todos lindos espíritos imortais. Estamos em nossos corpos por algum tempo, mas não somos nossos corpos.

Quando meus pacientes e outras pessoas recebem mensagens de entes queridos que já morreram, as mensagens são surpreendentemente parecidas. Seja vindas de médiuns ou através de regressões, sonhos, qualquer outra maneira, há um tema comum: "Eu te amo. Estou bem. Cuide-se e não sofra tanto por mim."

Estão sempre nos dizendo para não sofrer tanto. Sabem algo que nós esquecemos.

Eles não estão mortos. Ainda estão presentes. São imortais, assim como nós.

Em *Muitas Vidas, Muitos Mestres*, descrevo como, em 1982, ao atender Catherine, ela descreveu com detalhes que desconhecia totalmente a morte de meu primogênito, Adam, vítima de um problema cardíaco congênito, minha conseqüente decisão de especializar-me em psiquiatria, a morte de meu pai e o fato de termos escolhido o nome de nossa filha em homenagem a ele.

– Quem... – gaguejei estupefato – ...quem está aí? Quem é que lhe diz essas coisas?

– Os Mestres – ela sussurrou –, os Espíritos Mestres me dizem. E me dizem também que vivi oitenta e seis vezes no estado físico.

Esta mensagem sobre meu pai e meu filho talvez tenha sido o acontecimento decisivo para abrir minha cabeça para a possibilidade da eternidade e dos fenômenos paranormais. Depois dessa e de experiências com outros pacientes, meus valores começaram a se voltar para o espiritual e a se afastar do material, mais em direção às pessoas e relacionamentos e menos em direção à acumulação de bens. Tornei-me mais consciente do que levamos conosco e do que não levamos. Sem dúvida, antes dessas experiências, eu nem mesmo acreditava que uma parte de nós sobrevivia à morte física.

Em minhas viagens pelo Brasil, um país espiritualmente evoluído, conheci muitas pessoas talentosas e iluminadas. Fiquei muito impressionado com a médium chamada Célia.

Um amigo meu levou-me a uma sessão em grupo conduzida por Célia. Ela não sabia nada a meu respeito ou a respeito de meus livros. Falava apenas português, obrigando meu amigo a traduzir para mim.

As pessoas haviam escrito nomes em pedaços de papel e os colocado em uma cesta. Mais de oitocentas pessoas de todas as classes sociais estavam na platéia. Ninguém sabia se ou quando seria chamado. Célia pegou esses papéis, amassou-os e, sem olhar, chamou determinados nomes. As pessoas, reconhecendo os nomes de seus entes queridos, se aproximavam do pequeno estrado elevado onde Célia estava sentada.

Raramente vi alguém trabalhar tão rápido quanto Célia. Nomes, descrições físicas e características de personalidade eram despejadas com a maior exatidão. Os detalhes muito íntimos e confidenciais a respeito da vida do falecido reconfortavam as famílias. A força emocional de suas palavras contrastava enormemente com seu corpo pequeno e frágil, de setenta anos de idade. Ela tinha menos de um metro e meio e precisava de um inalador para manter a asma sob controle.

Duas histórias foram extraordinariamente tocantes. Célia chamou um nome de homem, e a mãe, o pai e a irmã vieram até o estrado. A família tremia enquanto Célia descrevia vividamente o terrível acidente de automóvel no qual o rapaz havia morrido. Ela lhes disse que ele estava bem agora e mandava o seu amor, mas que não estava sozinho. Dois outros jovens haviam morrido com ele naquele carro. Célia chamou outros dois nomes, e as famílias das duas vítimas se aproximaram do estrado. O pai de um dos jovens ficou atrás dos outros, um pouco separado, rigidamente ereto, obviamente controlando suas emoções. Os outros choravam e se abraçavam.

Célia virou-se para a esposa desse homem.

– Não se sinta tão culpada. Eles estão bem agora, em espírito.

O filho dessa mulher era o motorista do carro, aparentemente responsável pelo acidente, e a mãe sentia-se culpada.

– Eles mandam o seu amor – Célia continuou, acrescentando mais detalhes pessoais.

Então ela olhou para o homem que estava em pé atrás dos outros. Levantou-se e aproximou-se, para vê-lo mais de perto.

– Seu filho me diz que está sendo mais difícil para você aceitar tudo isso, porque você é engenheiro e não acredita nessas coisas.

O homem assentiu quanto à precisão das afirmações.

– Ele diz que vocês podem parar de brigar por causa do tapete. Isto não tem mais importância.

Ao ouvir esse comentário, o pai desmoronou. Abraçando sua esposa, começou a chorar. Sem o conhecimento dos outros, ele e sua esposa vinham brigando há algum tempo por causa de um determinado tapete em sua casa. O pai insistia que a poeira do tapete era responsável pelas alergias e pela freqüência dos ataques de asma que seu outro filho vinha tendo. Sua esposa adorava o tapete e recusava-se a jogá-lo fora.

Esse comentário extremamente pessoal tocou o coração daquele pai. Ele não podia mais negar o que estava vivenciando. Abraçou sua mulher com força, enquanto soluçavam juntos, sabendo que seu filho ainda estava vivo em espírito, sabendo que não somos nossos corpos e que nunca morremos de verdade.

Para a família de um homem que havia sido assassinado três semanas antes, Célia descreveu o tiroteio, a emergência médica e os tratamentos que se seguiram, usando termos técnicos num nível de sofisticação absolutamente impossível para um leigo.

Enquanto o homem transmitia seu amor pela mulher e os filhos, os três se abraçavam fortemente. A purificação que estavam vivenciando era palpável através da sala.

Entretanto, Célia não havia terminado. Ela tinha uma linda mensagem espiritual para transmitir:

– Ele fica feliz com o amor de vocês, mas também quer que sintam compaixão pelo homem que o baleou. Abram mão de sua raiva. Esse homem está num nível inferior e não entende as leis espirituais. Ele irá pagar um alto preço por suas ações, mas, por ser ignorante, ele precisa de ajuda. Precisa das suas preces. Ele não é capaz de entender; por isso, não deve ser julgado.

No intervalo, levaram-me para uma sala onde Célia descansava, e me apresentaram como um médico dos Estados Unidos que escrevia e dava palestras sobre reencarnação e outras questões espirituais. Era evidente que Célia não sabia nada a meu respeito. Depois de fazer algumas perguntas sobre meu trabalho, ela o abençoou, e eu louvei suas habilidades. Concordamos que só o que importa é o amor incondicional.

De repente, e sem nenhuma verdadeira mudança no tom de voz, ela começou a transmitir mensagens para mim.

– Seu filho, Adam, está aqui e quer que você saiba que seu coração agora está na posição correta. Ele toma conta e olha por seu irmão, Jordan, e sua irmã, que tem o mesmo nome do seu pai. Ele manda seu amor para sua mãe, Carole. A morte dele foi importante para trazer a você paz e serenidade mais tarde, através do seu trabalho.

A voz de Célia então mudou um pouco de tom e ela ficou mais séria.

– Seu trabalho espiritual está totalmente certo, é bom e correto. Não se desencoraje, vá em frente. O trabalho está ajudando em todos os lugares, até mesmo do outro lado. Vai crescer ainda mais.

À medida que ouvia as palavras de Célia, lembrei-me das mensagens parecidas, transmitidas por Catherine dezessete anos antes, que mudaram a minha vida. E fiquei profundamente emocionado. Depois de todos esses anos, eu ainda não desprezo "milagres".

Célia não sabia que me sinto desencorajado de vez em quando, porque as demandas de meu trabalho me mantêm longe de minha família e amigos, porque não tenho possibilidade de responder aos muitos pedidos de ajuda, e por causa dos incansáveis e violentos ataques dos céticos e dos críticos. Apesar de procurar compreender, aceitar e perdoar, tudo isso às vezes me pesa. Por isso as palavras de Célia reanimaram meu coração e reforçaram minha disposição de continuar.

James Van Praagh, o médium americano e autor dos livros *Conversando com os Espíritos* e *Em Busca da Espiritualidade*, previu que meu trabalho alcançaria um público cada vez mais amplo. Disse-me que eu estava em um período de transição para um nível ainda maior de influência no mundo e que este precisava desesperadamente de uma orientação espiritual e de uma combinação de ciência e espiritualidade.

Ouvi essas previsões sem acreditar realmente nelas. Naquele momento parecia haver oposição e ceticismo demais no meio do caminho. Vinha me esgotando há nove anos, tentando ensinar a respeito da vida após a morte, sobre reencarnação e o amor divino. Durante nove anos fui ridicularizado e zombado por ensinar que o amor nunca pára, que nós e nossos entes queridos não morremos quando nossos corpos morrem, que continuamos a existir e continuamos a amar como espíritos, voltando, se necessário, ao estado físico. E, apesar de estar convicto do que ensinava, parecia só encontrar mentes fechadas. Como esperar que o trabalho pudesse alcançar um nível mais alto e por que agora?

Durante e logo depois da viagem ao Brasil aconteceram três coisas que, em seqüência, começaram a me despertar para a possibilidade de Célia e James estarem certos.

A primeira foi o tamanho dos grupos e a reação da mídia às minhas palestras e *workshops* no Brasil. Em todas as cidades que visitei, centenas de pessoas encheram os auditórios. Todos os eventos tiveram lotação esgotada. Minhas visitas foram cobertas pela televisão, jornais e revistas. Sessões de autógrafos duravam horas, por causa do enorme número de pessoas esperando pacientemente nas longas filas. Ainda assim, minha mente conseguiu desprezar essa fantástica reação.

– Isso é o Brasil - racionalizei. – O Brasil é um país de imensa consciência espiritual e iluminação, uma terra de beleza física espetacular, mas especialmente de pessoas bonitas. Elas têm a mente aberta, são amorosas e já despertaram espiritualmente. Espíritas, como Allan Kardec, pavimentaram o caminho.

– O Brasil é uma exceção – pensei –, assim como muitos países da América Latina, onde as pessoas se sentem livres para partilhar suas experiências espirituais.

Então ocorreu o segundo evento. Durante os anos de prática, eu atendera várias celebridades, líderes políticos, estrelas do esporte e outros. Muitos tiveram experiências impressionantes, tanto de vidas passadas quanto de outros fenômenos espirituais. Por causa da lei do sigilo e por respeito a sua privacidade, não posso escrever ou falar sobre eles. E, por se preocuparem com a reação do público, raramente alguém famoso fala a meu respeito, sobre meus livros ou nosso trabalho juntos.

Uma exceção foi Gloria Estefan, uma cantora incrivelmente talentosa e uma pessoa de enorme coragem física e moral, muito avançada espiritualmente. Por isso, quando veio a público falar sobre mim, fiquei emocionado, mas não surpreso.

Em um artigo numa revista, em junho de 1996, Gloria disse:

– Eu meditei a vida inteira, quase como uma forma de autohipnose, mas não sabia realmente o que era, até que tive um acidente de ônibus e um amigo me mandou o livro *Muitas Vidas, Muitos Mestres*, de Brian Weiss. Causou um grande impacto em mim e me deu muita força durante minha recuperação. Recorri várias vezes a ele.

Porém, Gloria não foi o segundo evento. Sylvester Stallone foi. Enquanto eu estava no Brasil, em agosto de 1997, ele contou à imprensa americana sobre como eu o havia ajudado a se preparar para o papel no filme *Cop Land*.

Em vez do tradicional papel do herói, ele desempenhava um

outro muito mais exigente dramaticamente: o de um delegado com deficiência física, lutando contra a corrupção em uma cidade pequena. Os jornais escreveram:

"Preocupado com a responsabilidade em trabalhar com Robert De Niro, Harvey Keitel e Ray Liotta, Stallone foi se consultar com o Dr. Brian Weiss, autor de *Muitas Vidas, Muitos Mestres.*

"Weiss disse que seus encontros com Stallone não visavam desenterrar quaisquer vidas passadas. 'Não foi uma situação médico-paciente. Este personagem era um herói de coragem espiritual e moral muito profundas e Stallone desejava poder expressar isso. Minha impressão é de que essas qualidades eram inatas em Stallone. Tudo o que fiz foi ajudá-lo a remover quaisquer possíveis obstáculos à sua expressão.'

"Há muito tempo Stallone não se preparava com tanto afinco para um filme — não porque não tivesse vontade, mas porque os papéis anteriores não exigiam muito dele além de aparecer, esquivar-se de balas e ficar pendurado em uma montanha de vez em quando."

E agora Sylvester Stallone tinha a coragem de me mencionar publicamente e milhões de outras pessoas tomavam conhecimento do meu trabalho.

O terceiro evento aconteceu pouco tempo depois e causou grande impacto sobre mim.

Voltei do Brasil para Miami no dia 17 de agosto de 1997. No dia 22 de agosto, recebi no consultório um telefonema do Palácio de Kensington, em Londres, lar de Diana, Princesa de Gales. A assistente pessoal da Princesa Diana, Jacqueline Allen, estava na linha.

– A princesa adorou seu livro *Só o Amor É Real.* Trouxe-lhe muita paz e conforto. Ela gostaria de conversar com o senhor. Estaria planejando alguma viagem para a Inglaterra num futuro próximo?

– Não – respondi. – Não existe nada marcado, mas tenho certeza de que podemos dar um jeito.

– Bem, ela está de férias agora. E gostaria de entrar em contato com o senhor quando retornar à Inglaterra.

– O prazer será meu. Vou lhe mandar meus outros livros e algumas fitas de meditação.

Enviamos um pacote de livros e fitas e esperei ansiosamente seu telefonema. Eu admirava sua coragem, compaixão, seu trabalho de caridade e sua capacidade de demonstrar amor por pessoas com AIDS e outras doenças.

É claro que a Princesa Diana nunca me telefonou. No dia 31 de agosto, imediatamente antes de seu retorno à Inglaterra, ela e Dodi Fayed morreram naquele horrível acidente de carro num túnel, em Paris.

Eu não acredito em coincidências e estou escrevendo este trecho sobre a Princesa Diana apenas alguns dias depois de sua morte. Sinto-me muito triste, apesar de saber que ela está bem. Sua alma amorosa e brilhante está viva, revestida de luz e amor no outro lado.

Acredito que existam duas razões para eu ter sido contactado pelo Palácio de Kensington na semana anterior à morte da Princesa Diana.

Só o Amor É Real é um livro sobre almas gêmeas e sobre o amor. É sobre pessoas que possuem uma conexão que transcende o tempo e o espaço. É sobre aqueles que estiveram juntos antes, em vidas passadas ou através de dimensões espirituais e que encontram seus entes queridos novamente nesta vida. Elas aprendem que o amor é eterno e absoluto. O amor nunca termina, nem mesmo com a morte. Somos sempre amados. Nunca estamos sozinhos. Sempre nos reunimos com nossos entes queridos.

Acredito que a Princesa Diana tenha sentido uma conexão de

alma gêmea com Dodi Fayed e provavelmente com seus filhos e com outras pessoas queridas. Talvez *Só o Amor É Real* a tenha ajudado a compreender essas poderosas conexões.

A outra razão é que as pessoas freqüentemente têm premonições ou sentimentos fortemente intuitivos a respeito de acontecimentos importantes em suas vidas. Com freqüência esses sentimentos são a respeito de mortes iminentes, seja a sua própria ou de outras pessoas próximas. Existem muitos relatos de pessoas se despedindo de um jeito ou de outro, imediatamente antes de sua morte inesperada. Talvez, de alguma maneira, Diana soubesse.

Só o Amor É Real, assim como *Muitas Vidas, Muitos Mestres* e *A Cura através da Terapia de Vidas Passadas*, não trata apenas de almas gêmeas e vidas passadas. Trata da verdade e do amor divino. Explica que na realidade a morte não existe, só a vida, que nossas almas são eternas e não podem ser prejudicadas, que sempre iremos encontrar nossos entes queridos novamente, em espírito e em corpo. Esses são livros de esperança, não apenas por serem reconfortantes, mas porque tratam da verdade. Talvez o livro tenha reconfortado a Princesa Diana quanto à morte prematura de seu pai. Será que ela ainda sofria com isso? Seriam sua "paz e conforto" relacionados a ele?

A Princesa Diana leu o meu livro imediatamente antes de sua morte. Nele, aprendeu a respeito de almas gêmeas, mas sobretudo aprendeu a respeito das almas. Tenho certeza de que sua recepção no outro lado foi resplandecente, com uma luz brilhante, acolhida amorosa e uma imensa alegria .

Sentirei falta dela. Estou feliz por ter sido capaz de ajudá-la um pouco.

A pequena sala de conferências estava lotada com as seiscentas pessoas que se prendiam a cada palavra do médium

James Van Praagh, que lhes transmitia informações de seres queridos já falecidos. Mesmo os céticos tinham que se espantar com os incríveis detalhes que provavam que seus entes queridos continuavam vivos. As pessoas a quem ele se dirigiu atestaram sua precisão.

– Os espíritos me dizem – é o que ele responde simplesmente quando lhe perguntam como sabe.

As informações que os médiuns transmitem não provêm da leitura das mentes. Este episódio de James Van Praagh ilustra este ponto.

Carole e eu estávamos sentados no meio da platéia, onde havia uma conhecida nossa.

– Estou com David aqui... David... é o filho de alguém que morreu e está em espírito – James recomeçou.

Algumas mulheres se levantaram, já que David não é um nome raro. Porém, a moça nossa conhecida, não. Ela não tem filhos. O irmão de seu marido, cujo nome era David, havia morrido de repente, dois anos antes, mas até então a informação não fora específica o suficiente para que ela respondesse.

James não parecia conectar com nenhuma das mulheres que haviam respondido.

– Quem é o piloto? – James perguntou. – Ele está me falando sobre um piloto. Há alguém relacionado a David que é um piloto?

Agora as mulheres que estavam de pé se sentaram, mas nossa conhecida levantou-se, tremendo.

– Eu tenho um David – disse. – É o meu cunhado, irmão do meu marido. E ele morreu há dois anos. Sua mãe é piloto... ela pilota aviões.

Agora James parecia convencido de que a conexão correta havia sido feita.

– Ele quer que você transmita seu amor para ela – James

acrescentou. Então ele olhou para o alto e para o lado, como se estivesse ouvindo alguém. Ao voltar os olhos para a moça, olhou para cima, por cima de sua cabeça.

– Vejo um canivete vermelho acima de sua cabeça – ele disse. – Estão me mostrando que alguém... tem olhado este canivete e pensado em limpá-lo.

A moça não sabia nada a respeito de um canivete vermelho. Nem ela nem o marido possuíam um. Ela não podia confirmar essa informação.

– Guarde-a – James acrescentou, querendo dizer para ela se lembrar disso no futuro.

Alguns dias depois, conversei com a moça.

– Aconteceu uma coisa incrível – ela exclamou.

Quando voltou para casa após o término do *workshop*, ela ligou para sua sogra, que mora na área rural da Pensilvânia. Não disse nada sobre o *workshop* ou sobre James. Só perguntou:

– Um canivete vermelho significa alguma coisa para você?

– É engraçado você perguntar isso – a sogra respondeu. – Ontem (um dia antes do *workshop*), eu estava no porão fazendo faxina e mudando alguns equipamentos de pesca de lugar. Vi o antigo canivete suíço de David e o peguei. Lembro-me de ter pensado que devia limpar o canivete.

James tomara consciência de um pensamento na mente da mãe de David. A moça na platéia não sabia nada a respeito desse canivete ou do pensamento que ocorrera no porão de uma casa a mais de mil e seiscentos quilômetros de distância.

Todos nós podemos aprender a fazer o que James faz, mas nos falta a confiança e a persistência para realizá-lo. Gosto de usar a analogia do piano quando falo sobre aprender a usar nossas habilidades psíquicas. Nem todo mundo nasce com o talento para ser um Mozart ou um Rubinstein. Entretanto, com lições e com a prática persistente, todos nós podemos aprender a tocar algumas músicas. O mesmo é verdade quando estamos desenvolvendo nossos processos intuitivos.

Toda a sabedoria está dentro de nós e, se praticarmos e entrarmos em contato com ela, nos tornaremos nossos melhores professores. Iremos então encontrar paz e alegria no momento presente, pois o fundamental é como vivemos nossas vidas agora, como sermos espirituais *agora*, independente do que nos ensinaram.

E, à medida que formos despertando, ficaremos livres da dependência de outras pessoas. Estaremos vivendo agora, e os espíritos cantarão suas canções de amor diretamente em nossos ouvidos.

É preciso estar atentos para os sinais. Raramente paramos para ouvir, e desenvolver a capacidade de escutar pode levar tempo. Precisamos ser pacientes e especialmente cuidadosos para ouvir as mensagens das "coincidências".

Quando você praticar o silêncio, voltar-se para dentro, passar um tempo criando o espaço para escutar, então irá ouvir. Irá ver os sinais e receberá as mensagens. E, ao mesmo tempo, estará desenvolvendo a arte da paciência.

Capítulo 12

Buscando além de nós mesmos

"A meditação e a visualização o ajudarão a parar de pensar tanto e a começar a viagem de volta. A cura irá acontecer. Você começará a empregar a parte não usada de sua mente. Você irá ver. Irá entender. E ficará mais sábio. Então haverá paz."

Nossos corações sabem o caminho para a felicidade e a paz interior. Práticas espirituais como a meditação e a oração existem para nos lembrar o que somos agora. Nossas cabeças insistem em esquecer, mas nossos corações vivem nos lembrando.

Quando nos esquecemos da mensagem de nossos corações e nos deixamos envolver completamente pelas armadilhas de um sistema puramente materialista, nos sentimos insatisfeitos e infelizes. Ficamos deprimidos e ansiosos. Distorcemos e esquecemos de nossa perspectiva maior, perdemos o caminho.

O remédio é simples. Lembre-se de seu coração. Lembre-se de sua dimensão divina, da sua natureza espiritual. Lembre-se da razão pela qual está aqui.

Então recuperará o foco, a tristeza e a ansiedade começarão a desaparecer e a vida será significativa de novo. Tudo o que você precisa fazer é lembrar.

Meditação

A meditação é a arte ou a técnica de silenciar a mente para que os pensamentos e o burburinho que normalmente atordoam nossa consciência cessem. No silêncio da mente calada, a pessoa que está meditando começa a se tornar um observador, a alcançar um nível de desapego e a eventualmente atingir um estado mais elevado de consciência. Meditar regularmente é lembrar-se constantemente do que é importante para nós em nossas vidas e do que não é.

Silenciar a mente e fazer cessar o burburinho exige prática e disciplina. Tive que meditar diariamente durante três meses antes de conseguir alcançar uma consciência mais profunda. É importante ser paciente e não deixar que a frustração nos desestimule.

Não precisamos ficar sentados em posição de lótus para meditar. Podemos meditar deitados, sentados em uma cadeira, ou mesmo enquanto estamos andando. O objetivo é parar de pensar, é observar e se desapegar, aumentando a atenção e a consciência.

A visualização e a hipnose são mais fáceis de aprender porque normalmente seguimos as orientações de um facilitador. Isso torna a concentração mais fácil do que o silêncio da meditação. Na realidade, hipnose, visualização e meditação são todos estados de concentração focalizada.

Eis a essência da meditação. Cada passo que damos é sagrado; todo ar que respiramos é abençoado. Se entendermos e praticarmos isso, nossa consciência irá mudar da perspectiva diária para a "outra". E nos tornaremos seres eternos, amorosos, desapegados, que não julgam e observam serenamente.

Consciente da dificuldade que as pessoas têm em meditar, preparei fitas e CDs com instruções que facilitam essa prática.

Em meus *workshops* ensino uma técnica simples de meditação em apenas dois minutos.

Durante o primeiro minuto, instruo os membros do grupo a fecharem os olhos, respirarem fundo algumas vezes e relaxarem. Durante os 45 segundos seguintes, eu lhes digo para manterem suas mentes completamente silenciosas, para tentarem não pensar. É claro que isto é muito difícil para a maioria das pessoas. Nossas mentes são como um vácuo, odeiam o vazio. Então suas mentes se enchem de pensamentos comuns, que as impedem de ficar quietas, desprendidas, observando.

Então, ensino uma meditação de um minuto. Desta vez o grupo é instruído a se imaginar sentado no fundo de um lindo lago onde podem respirar normalmente.

– Sempre que tiver um pensamento, ponha o pensamento em uma bolha, observe a bolha flutuar sobre a superfície do lago e desaparecer. Então traga sua mente de volta para o silêncio. Se você tiver outro pensamento, ponha em outra bolha e deixe que essa bolha flutue e desapareça. Continue repetindo esse processo.

Ao usar as bolhas, as pessoas começaram a meditar. Outra forma de meditar é focalizando a mente numa palavra. Pode ser uma palavra neutra, como o número um. Ou pode ser uma palavra em sânscrito, que é chamada de mantra. Ou pode ser uma palavra com significado sentimental, como a palavra "amor". Observe os sentimentos que ela evoca.

Há inúmeras técnicas de meditação, mas sugiro tentar a meditação da bolha. Você terá uma surpresa com os benefícios.

Exercícios em grupo

Há alguns exercícios que reforçam a convicção do poder intuitivo e mesmo mediúnico de que somos dotados. Procurem realizá-los para vivenciar a riqueza dessas experiências.

Freqüentemente, realizo um exercício chamado "rostos" em

meus *workshops.* Em uma sala pouco iluminada, com luz suficiente apenas para prevenir a escuridão total, faço as pessoas sentarem aos pares. Levo-as para um estado meditativo muito relaxado e então cada uma olha para o rosto e feições de seu parceiro. Isso dura de cinco a dez minutos. As feições parecem mudar, as pessoas vêem mudanças de idade, raça e sexo. Às vezes, animais ou outras metáforas aparecem. Com freqüência, os que fazem este exercício recebem informações psíquicas ou intuitivas sobre a outra pessoa. Coisas impressionantes podem ocorrer. Informações reais são recebidas.

Em março de 1998, antes que um *workshop* de dois dias começasse e sem o meu conhecimento, uma mulher de meia-idade, que sempre usava um lindo pingente em forma de borboleta em uma correntinha de ouro no pescoço, havia rezado por seu filho, que morrera alguns meses antes.

– Mande-me um sinal, uma mensagem – a mãe pediu. – Saberei que é você se me der um sinal com uma borboleta.

Imediatamente antes de começarmos o Exercício dos Rostos, contei para a platéia algumas histórias comoventes sobre borboletas, falando de símbolos desenhados com freqüência por crianças que estão morrendo ou que sabem que vão morrer (tal como os inúmeros desenhos de borboletas feitos por crianças que morreram nos campos de concentração durante o Holocausto) e sobre borboletas verdadeiras voando por cima das pessoas em funerais. Eu não planejara contar essas histórias. A idéia de falar sobre borboletas havia surgido de repente em minha consciência.

A mãe sentiu-se extremamente feliz. Seu filho havia lhe enviado a mensagem. Mas houve mais.

Na sala escura, começamos o Exercício dos Rostos. Eu instruíra o grupo a escolher como parceiros pessoas que nunca houvessem encontrado antes. A parceira da mãe, que era uma completa estranha, tornou-se uma médium para ela. Apesar de não saber possuir quaisquer habilidades psíquicas, a parceira percebeu o espírito de um jovem de pé, atrás da mãe. Descreveu o rapaz e contou detalhes específicos a respeito da vida dele, sua personalidade e seus relacionamentos.

A mãe ficou chocada e extasiada.

– Tudo o que ela disse é extremamente preciso! Ela o descreveu perfeitamente. – Seu rosto estava radiante e eu podia realmente ver sua respiração mudar e seus ombros se erguerem, como se o peso enorme da dor estivesse sendo retirado de suas costas.

Enquanto eu ensinava ao grupo esse e outros métodos para abrir caminhos para suas próprias habilidades psíquicas e intuitivas, muitas outras experiências espantosas estavam ocorrendo por toda a sala. "Coincidências" inacreditáveis e eventos sincronizados aconteciam entre vários grupos em áreas separadas. Pessoas que nunca haviam dominado processos psíquicos descreviam com precisão os históricos médicos de completos estranhos. Outras, que nunca haviam se encontrado antes, sabiam muito mais coisas a respeito umas da outras do que seria possível em seu estado habitual de consciência.

Enquanto eu observava essas interações, maravilhei-me silenciosamente pensando como nossas mentes são muito mais poderosas, sensíveis e conscientes do que nós achamos ou sabemos. Nós somos surpreendentes.

Psicometria

Nesse exercício experimental, que normalmente conduzo em grupos de dois, os participantes trocam pequenos objetos que lhes pertencem. O objeto pode ser um anel, um relógio, pulseira, chaves, medalhões, ou seja, qualquer objeto pessoal que as pessoas tenham trazido consigo.

Começo a experiência fazendo um exercício rápido de relaxamento, que ajuda os participantes a se concentrarem e a silenciarem a mente. Com os olhos fechados, as duas pessoas trocam os objetos e os seguram nas mãos. Os participantes são instruídos a tomar consciência de quaisquer pensamentos, sentimentos, impressões ou sensações espontâneos que lhes venham à mente.

As impressões podem ser psicológicas (sentimentos, estado de humor ou emoções), físicas (sensações corporais), psíquicas (visões, mensagens, pensamentos, cenas de infância ou de vidas passadas) ou espirituais (mensagens ou imagens de outras dimensões).

Após cerca de cinco minutos, instruo o grupo a compartilhar todos os aspectos da experiência com os parceiros. É muito importante compartilhar todas as sensações, pensamentos e impressões, mesmo que pareçam tolos ou esquisitos, porque esses com freqüência são os "acertos" mais precisos e poderosos. Freqüentemente, a confirmação de uma dessas impressões estranhas é imediata e muito significativa.

Pode ser a energia no objeto que facilita a transferência de informação, ou a concentração relaxada da mente, o fato é que o resultado é um despertar e uma confirmação da habilidade intuitiva que todos possuímos.

Rastreamento de energia

Qualquer impressão ou sensação que surgir em sua consciência é válida neste exercício. Assim como os outros, ele serve para aprender e crescer.

Antes de trabalhar em grupos de dois, os participantes praticam para tomar consciência de seus próprios campos de energia. Com os olhos fechados e em estado de relaxamento, são instruídos para juntarem lentamente as mãos, as palmas voltadas uma para a outra, começando com as mãos a cerca de sessenta centímetros de distância. À medida que as mãos vão se aproximando bem devagar, as pessoas com freqüência tomam consciência de um formigamento nas palmas das mãos, de um aumento de calor, de mudanças térmicas e de uma resistência sutil, como se houvesse uma barreira sentida antes de as mãos se tocarem. Esse exercício inicial é repetido várias vezes.

Em grupos de dois, o "receptor" rastreia lentamente o corpo de seu parceiro ou parceira, que fica de pé ou sentado, em silêncio durante o exercício. O rastreamento é feito com as mãos, a uma distância de vários centímetros do corpo da outra pessoa. O rastreador não chega a tocar no parceiro.

À medida que o corpo inteiro vai sendo rastreado, o rastreador deve perceber quaisquer mudanças de temperatura, assim como áreas frias ou quentes. Os pensamentos, sensações ou impressões que ocorrerem durante o processo são anotados na mente para serem transmitidos mais tarde. Qualquer variação no campo de energia também deve ser registrada.

Após alguns minutos, os papéis são invertidos. Depois de repetir o processo, os parceiros passam algum tempo partilhando toda a experiência, suas impressões e observações.

Com freqüência, diagnósticos médicos inacreditavelmente precisos são feitos durante este exercício. Informações confidenciais podem, de alguma maneira, ser transmitidas para o rastreador. Mais uma vez, nossas mentes intuitivas conseguem ser ativadas durante esse rápido exercício experimental.

Exercícios rápidos de visualização

Como já disse, a hipnose é apenas concentração focalizada. Não há nada arriscado ou misterioso a seu respeito. Feche os olhos e imagine que está mordendo um limão grande e suculento. Use todos os seus sentidos. Saboreie o limão. Sinta seu cheiro. Veja o limão. Morda mais fundo.

As pessoas com freqüência fazem uma "cara de limão", com

os lábios apertados, quando eu lhes peço para experimentar isso. Estão provando o limão. Eu não enfiei um limão em suas bocas. Elas estão recorrendo a seu banco de memórias.

Se você sentiu o gosto do limão, acabou de ser hipnotizado.

Estique os braços para a frente com as palmas das mãos para cima. Não dobre os braços nos cotovelos.

Depois de fechar os olhos, imagine que estou colocando um livro grande e pesado em sua mão esquerda. E agora mais um livro pesado na mão esquerda. E então imagine que estou amarrando um enorme balão de gás na sua mão direita. Um terceiro livro agora é colocado em sua mão esquerda, e um segundo balão de gás é amarrado na sua mão direita. Mantenha os braços exatamente na posição em que se encontram agora e abra os olhos para ver o que aconteceu.

O corpo e a mente estão envolvidos no processo hipnótico.

Durante os últimos duzentos anos, enfatizou-se demais o papel da lógica e da ciência nos relacionamentos humanos, na cultura, saúde e filosofia. Desenvolveu-se a noção de que a ciência seria capaz de curar todos os males e problemas.

Na realidade, ficamos desequilibrados por causa dessa noção. Negligenciamos a sabedoria intuitiva, o coração, o impulso criativo ou inspirado. Glorificamos a tecnologia, mas nossa ética e nosso crescimento espiritual não caminharam no mesmo ritmo. Agora nos encontramos numa posição em que a tecnologia avançou o suficiente para destruir o planeta, e pessoas que não são sábias ou iluminadas têm o poder de apertar o botão e decidir o destino da humanidade.

A tecnologia e a ciência são neutras. É o que as pessoas fazem com elas, como são aplicadas e as circunstâncias em que são usadas que determinam seu valor. Aprendemos que a ciência não pode curar todos os males da humanidade. Apenas líderes sábios, amorosos, compassivos e responsáveis são capazes de atingir esse objetivo.

Portanto, o pêndulo deve balançar de volta ao ponto intermediário, o local de harmonia e equilíbrio. De volta à posição onde a ciência e a intuição estão perfeitamente equilibradas, onde mente e coração são um só, trabalhando para nos trazer paz e saúde.

Por isso é importante saber como funciona a intuição.

Repita sempre: não somos seres humanos tendo uma experiência espiritual, mas seres espirituais tendo uma experiência humana aqui na Terra.

Eu observava James Van Praagh em um *workshop* em Nova Orleans. Ele forneceu detalhes fiéis sobre entes queridos já falecidos a suas famílias e amigos. Quatrocentas pessoas lotavam a sala. James recebia uma imagem ou uma mensagem, a transmitia para o grande grupo e, com mais um ou dois detalhes, alguém se levantava, confirmando a precisão da mensagem.

Eu estava sentado no fundo da sala, tentando antecipar suas perguntas, comentários e mensagens, porém minha precisão era mínima. Será que, de alguma forma, ele estaria guiando o grupo? Estaria fornecendo dados tão gerais, que necessariamente alguém em um grupo tão grande se encaixaria?

Hoje estou convicto de que ele estava recebendo essas informações de um lugar além da audiência e com isso ajudando as pessoas a curarem sua dor. Pensei, na ocasião, que existem algumas pessoas com talento especial que as torna capazes de acessar essas mensagens. Com certeza eu não era uma delas.

Duas semanas depois, eu estava conduzindo um *workshop* experimental sobre espiritualidade e terapia de regressão a vidas passadas para uma platéia de setecentas pessoas em West Palm Beach, na Flórida. Em resposta a uma pergunta, tentei explicar como um médium trabalha, criando um exemplo.

– Funciona assim – eu falei, começando a imaginar a cena. – O médium pode dizer: "Tenho consciência de um rapaz chamado Robert. Ele tem dezenove ou vinte anos e morreu em um acidente de carro. Ele quer que você saiba que ele está bem, que te ama e que você não deve sofrer tanto por causa dele. Ele está bem e está perto de você. Além disso, ele quer que você dê para Gary a jaqueta preta de couro que está pendurada em seu armário."

Então segui em frente, falando de outros tópicos.

Eu havia inventado a situação inteira ali. Estava vendo as imagens, ouvindo os nomes. Depois que o *workshop* acabou, durante a sessão de autógrafos, duas mulheres, uma com os olhos úmidos, se dirigiram a mim.

– De onde você tirou aquela história sobre Robert e o acidente de carro? – a mulher chorosa perguntou baixinho.

– Eu inventei a história toda – respondi.

– Não, não inventou – ela afirmou decidida – Meu irmão, Robert, morreu em um acidente de carro quando tinha vinte anos. Nós sentimos muita saudade dele. Acabei de dar sua jaqueta de couro preta, que estava pendurada em seu armário, para nosso irmão mais novo, Gary. Senti que ele queria que eu fizesse isso.

Todos nós podemos fazer o que eu fiz, porque estamos todos conectados. Continuo experimentando vívidas imagens metafóricas e a ter *insights* que provocam pensamentos, quando estou meditando ou através de sonhos. Freqüentemente, recebo respostas para perguntas ou dilemas que estavam na minha mente subconsciente.

Em uma dessas imagens poderosas mas aparentemente simples, vi como, apesar de as pessoas se perceberem como seres separados, na realidade estamos todos eternamente conectados uns aos outros. Vislumbrei um vasto oceano cheio de cubos de gelo. Cada cubo era distinto, com fronteiras fixas e definidas, mas todos flutuavam na mesma água gelada. Logo a água esquentou e os cubos de gelo derreteram. *Tudo* era água. Cada cubo de gelo estava conectado aos outros cubos no oceano. Então, o calor aumentou e a água começou a ferver, transformando-se em vapor. Logo, tudo virou vapor, silencioso e invisível. Ainda assim, o vapor era formado pelo que havia sido água e cubos de gelo. A única diferença entre os estados de gelo, água e vapor era a energia vibracional das moléculas.

A humanidade se vê fisicamente separada, como os cubos de gelo. Entretanto, na realidade, somos todos a mesma substância interconectada.

Você pode ter experiências de vidas passadas através de outros meios além da hipnose. Minhas duas primeiras regressões para vidas passadas ocorreram através de um trabalho corporal e num sonho.

Minha primeira experiência aconteceu espontaneamente durante um tratamento de *shiatsu.* Eu me vi nitidamente como um padre antigo, mais alto e magro do que sou agora. Estava num edifício de formato geométrico esquisito, achatado no alto, com lados inclinados. Ouvia a palavra *ziggurat* em minha mente, mas naquela época eu não sabia o que ela significava.

O padre possuía muito poder, mas, ao invés de usar sua posição para ensinar verdades espirituais, estava concentrado em obter mais poder e riquezas. Ao olhar para seu futuro, eu percebia que seus valores nunca evoluíram, apesar de os padres terem permissão para conciliar o ensino das verdades espirituais à satisfação das necessidades da realeza.

Voltei gradualmente à consciência. Mais tarde, em casa, procurei a palavra *ziggurat* na enciclopédia. No período babilônico, mil anos antes de Cristo, templos do mesmo formato geométrico do que eu havia visto eram chamados de *ziggurats.* Os Jardins Suspensos da Babilônia são um exemplo de *ziggurat.*

Alguns anos depois, tive a segunda experiência de vidas passadas, desta vez em um sonho. Aconteceu na segunda noite de um treinamento para profissionais. Todos os participantes estavam hospedados no mesmo hotel e a intensidade das sessões era exaustiva. No sonho, mais uma vez com uma extraordinária nitidez de detalhes, eu era novamente um padre, dessa vez um padre católico em algum lugar da Europa, muitos séculos atrás. Estava em uma masmorra, com um dos braços acorrentado à parede. Fui torturado e morto por ensinar coisas proibidas e heréticas.

Acordei, mas foi como se o sonho continuasse durante algum tempo. Eu ainda podia ver e sentir as imagens, deitado na cama no quarto totalmente escuro, quando tomei consciência de uma voz interior.

– Quando teve a chance de ensinar a verdade, não o fez.

Eu sabia que se referia ao padre babilônico, que não ensinou verdades espirituais.

– ...quando não teve chance, você se arriscou inutilmente...

Eu sabia que o padre católico poderia ter ensinado em segurança sobre amor e compaixão. Ele não precisava morrer por desafiar as autoridades daquela época.

– Desta vez, faça direito – a voz concluiu gentilmente.

Capítulo 13

Deus e religião

"Eles me dizem que existem muitos deuses,
pois Deus está em cada um de nós.
Existe apenas uma religião, e esta religião é o amor.
Também devemos nos lembrar de que o Ser transcendental
é a única causa, o pai e o criador do universo.
Que Ele preenche todas as coisas não apenas com
Seus pensamentos, mas com Sua essência.
A essência Dele não é desperdiçada no universo. Ele está acima e além.
Podemos dizer que apenas Seus poderes estão no universo.
Mas ainda que Ele esteja acima de Seus poderes, Ele os inclui.
O que fazem, Ele faz através deles.
Agora estão visíveis, trabalhando no mundo.
Da atividade deles recebemos um indício da natureza de Deus."

De tempos em tempos, por cartas, em conferências ou em programas de rádio com participação dos ouvintes, as pessoas me perguntam onde está Deus em meus livros. Esta pergunta me surpreende, pois para mim Deus se encontra presente em todas as páginas de meus livros, não apenas identificado pelo nome Deus, mas de muitas outras formas. Sempre que você encontra a palavra "amor" estou falando sobre Deus. Lembre-se da analogia dos cubos de gelo. Quando você os esquenta até o ponto de ebulição, tudo se torna vapor. O vapor nos dá a pista para a natureza de Deus. Todos temos Deus dentro de nós.

Pode parecer estranho ouvir um psiquiatra falando sobre Deus e amor. Ainda assim eu devo falar, pois os fundamentos da psicoterapia espiritual exigem o reconhecimento de nossa divindade, a real natureza de nossas almas e do verdadeiro propósito da existência aqui, na forma física. Só desta maneira podemos enxergar a imagem inteira.

Sem amor e sem Deus não existe nada.

Deus não exige nosso respeito. Insistimos em personificar Deus apesar de sabermos que Deus está muito além do que nós possamos começar a conceitualizar.

Deus não tem sexo. Isto é uma personificação.

Deus não tem religião. Sabemos disso no fundo do coração.

Deus não tem raça. Deus é tudo, uma energia amorosa que possui sabedoria e poder incompreensíveis e qualidades impenetráveis. Todos somos compostos por Deus, pois Deus está em cada um de nós, é a substância de nosso ser.

Deus está até além do vapor que contém o potencial da água, que contém o potencial do gelo. Deus é invisível e impenetrável, mas contém o potencial de tudo.

Existe uma história sobre um homem devoto e piedoso cuja vida estava sendo ameaçada por uma enchente. A água subia rapidamente e ele foi obrigado a se refugiar no telhado de sua casa. Ainda assim a água continuava a subir.

Finalmente, um barco da polícia veio resgatá-lo do telhado.

– Entre no barco – instruíram-no.

– Não – ele respondeu. – Vivi toda minha vida como um homem devoto e caridoso. Deus irá me proteger.

– Não seja tolo – respondeu o policial. – Entre no barco. A água ainda está subindo e você corre grande perigo!

O homem continuou recusando-se e o barco foi embora.

A água realmente continuou a subir. O barco de resgate voltou mais duas vezes e o homem recusou-se a embarcar.

– Deus irá me proteger – insistiu, cheio de confiança. O barco partiu para resgatar outras pessoas.

A enchente engoliu a casa e o telhado. O homem se afogou.

No Céu, encontrou Deus. Furioso por Deus não havê-lo resgatado, o homem reclamou com veemência.

– Toda minha vida fui devoto. Obedeci todos os mandamentos. Doei grandes somas para caridade. E a única vez que peço algo, você me abandona!

– Mas eu mandei o barco três vezes – Deus explicou. – Por que você não entrou?

Durante anos demais, por incontáveis séculos e milênios, Deus e a religião têm sido mal compreendidos, distorcidos e manipulados conscientemente pela humanidade. O nome de Deus, talvez o símbolo definitivo da paz, do amor e da compaixão, foi usado para evocar inúmeras guerras, homicídios e genocídios. Mesmo hoje em dia, quando o século vinte e um começa a se revelar, guerras "santas" infestam nosso planeta. Como uma guerra pode ser "santa"? Isto é uma contradição de termos um enorme pecado mal encoberto, superficialmente disfarçado por uma racionalização manipuladora. Como se Deus fosse tolerar a matança de pessoas inocentes.

Deus é paz, Deus é amor. Nós nos esquecemos de que, já que fomos criados à Sua divina imagem, Deus está dentro de nossos corações e nós também somos criaturas de paz, seres de amor e divindade. Só pode haver uma religião, pois existe apenas um Deus, o Deus de todos nós. Devemos amar uns aos outros, pois o amor é o caminho para casa. De outra maneira, como crianças teimosas, estaremos fadados a repetir de ano indefinidamente, até aprendermos a lição do amor.

Somente abrindo mão de nossos medos, enxergando as pessoas de outras religiões como nossos iguais, como almas iguais na estrada para o Céu, podemos amar de verdade, num sentido incondicional. Somos todos iguais, estamos todos remando no mesmo barco. Em nossas muitas encarnações, nós mesmos já fomos de todas as religiões, de todas as raças. A alma não tem raça nem religião. Conhece apenas o amor e a compaixão. Quando soubermos que somos todos iguais, que existem apenas diferenças superficiais e sem importância entre nós, mas nenhuma diferença *realmente* fundamental, então poderemos nos unir e ajudar a todos que encontrarmos pelo caminho, sejam eles parecidos conosco ou não.

Quando você investiga além dos rituais e costumes aparentes das inúmeras religiões, encontra uma similaridade impressionante de idéias, conceitos e conselhos. Até mesmo as palavras são inacreditavelmente parecidas. Estivemos matando uns aos outros em nome da religião quando, nos níveis mais profundos, na verdade acreditamos na mesma coisa. Ao final deste livro, listei alguns valores espirituais partilhados pelas grandes religiões do mundo. Todas elas têm em comum a crença na importância de se levar uma vida espiritual, de entender a presença divina dentro e além de todas as coisas e de todos os seres, de servir e praticar boas ações, do amor, da compaixão, caridade, esperança e fé. Todas descrevem uma vida após a morte e a imortalidade da alma. Todas enfatizam a bondade, o perdão e a paz.

Acho que esquecemos o que sabemos. Presos na rotina do dia-a-dia, ficamos tão consumidos pela preocupação e pela ansiedade, tão preocupados com nosso *status*, nossa aparência exterior, com o que os outros pensam de nós, que nos esquecemos de nossa parte espiritual. Temos tanto medo da morte porque nos esquecemos de nossa verdadeira natureza. Estamos tão preocupados com nossas reputações e posições, em não sermos manipulados por outras pessoas para "vantagem" delas e "prejuízo" nosso, em não parecermos ignorantes, que perdemos a coragem para sermos espirituais.

A ciência e a espiritualidade estão se aproximando. Físicos e psiquiatras estão se tornando os místicos dos tempos modernos.

Estamos confirmando o que os místicos anteriores sabiam intuitivamente. Somos todos seres divinos. Sabemos disso há milhares de anos, mas nos esquecemos. E para voltar para casa temos que nos lembrar do caminho.

Se existe apenas um Deus e uma religião, que é o amor, por que deveríamos manter nossas tradições religiosas? Por que não mudar e experimentar as outras?

Existem muitos motivos para agir assim. Como os aros de uma roda de bicicleta, todos os caminhos ditados pelas grandes religiões levam ao mesmo centro, à piedade e à iluminação. Um caminho não é melhor nem pior do que o outro. Todos são iguais.

Não há dúvida de que é extremamente positivo ser impregnado desde a mais tenra infância pela sabedoria e os valores de uma determinada religião. Há uma sensação de paz que favorece o relaxamento da mente e permite que, quase sem esforço consciente, você entre em um estado mais profundo de meditação, oração e contemplação. Neste estado profundo, pode-se experimentar níveis transcendentais de consciência.

Mas como existem grandes verdades, beleza e sabedoria nas tradições de todas as grandes religiões, você deve sentir-se livre para experimentar um pouco de cada uma, pois as várias percepções profundas conseguidas aqui e ali podem acelerar seu progresso espiritual. Mas não é necessário abandonar sua tradição. Algumas pessoas preferem rosas, outras orquídeas, lírios ou flores-do-campo. Mas todas as flores são igualmente bonitas e Deus faz com que o mesmo sol brilhe para todas elas, a mesma chuva as alimente. São diferentes umas das outras, mas todas são especiais.

Quando falo sobre religiões, estou me referindo à maravilhosa sabedoria e tradição espiritual, não às regras e dogmas feitos pelo homem, ditados por razões políticas e que servem para separar as pessoas, ao invés de uni-las. Temos que ser cuidadosos para distinguir as verdades espirituais das regras criadas por interesses humanos. Estas regras são como cercas que nos mantêm separados e com medo.

Parafraseando um ensinamento encontrado em todas as disciplinas espirituais: a chuva cai tanto nas ervas daninhas quanto nas flores, e o sol brilha tanto nas prisões quanto nas igrejas.

A luz de Deus não discrimina e a nossa luz também não deveria discriminar.

Não existe um só caminho, uma única maneira, uma igreja ou ideologia.

Existe apenas uma luz.

Quando as cercas caírem, todas as flores poderão desabrochar juntas em um jardim de esplendor incomparável, um paraíso na Terra.

Capítulo 14

Encontrando o caminho para casa

"Paciência e senso de oportunidade... tudo vem quando tem que vir. Uma vida não pode ser apressada, não pode funcionar dentro de uma programação, como muitas pessoas querem que aconteça. Temos que aceitar o que chega até nós no momento e não pedir mais. Mas a vida é interminável, portanto nunca morremos; na realidade nunca nascemos. Apenas passamos por fases diferentes. Não existe fim. Os humanos têm muitas dimensões. Porém o tempo não é como o vemos, mas lições que são aprendidas."

Como escrevi no começo deste livro, as pessoas estão sempre me perguntando se tive outros contatos com os Mestres. Agora, você já pode perceber que as mensagens dos Mestres vêm de todo lugar. Algumas das mensagens chegam através de minhas próprias meditações e uma parte da informação vem através de sensações, em um nível de entendimento que é muito difícil traduzir em palavras. Para alguns conceitos não existem palavras.

Grande parte do conhecimento chega através de exemplos e experiências, como descrevi em meus quatro livros. Há uma filosofia completa e coerente nas citações, nas palavras, nas histórias e reflexões. As respostas estão lá, mas freqüentemente não gastamos tempo suficiente para ver, para digerir, para entender.

Para explicar melhor o que digo, mais uma vez começarei

contando uma história verdadeira que aconteceu recentemente. Um rapaz acabara de morrer subitamente de uma violenta hemorragia intracraniana, um derrame. Durante vários dias, após o derrame, ele foi mantido vivo através de máquinas, que respiravam por ele, alimentavam seu corpo e mantinham suas funções físicas. Porém seu cérebro fora seriamente danificado. Um médico que conheço e que também possui habilidades mediúnicas visitou este rapaz e observou seu espírito flutuando sobre seu corpo na cama do hospital. O médico rezou por ele e pediu ao espírito para voltar ao corpo.

– Não – o espírito do rapaz respondeu. – Meu cérebro está muito danificado. Posso não conseguir realizar o que preciso realizar. Mando meu amor. Diga-lhes que estou bem.

Ele morreu algumas horas mais tarde.

Ouço essas histórias com muita freqüência. As mensagens estão em todos os lugares, é só ficar atento.

Só o amor é real. O amor é uma energia de poder e força inacreditáveis. Somos todos feitos desta energia, e esta energia é a chave para a natureza de Deus. Lembre-se da metáfora dos cubos de gelo, da água e do vapor.

O amor é absoluto. O amor nunca termina, nunca pára. A forma mais pura é o amor incondicional, dar amor sem esperar nada em troca. Ao distribuir amor sem restrições, você se torna um milionário espiritual.

Deus é muito real e está em todos os lugares e em cada um de nós. Deus não é um velho nos julgando, sentado numa nuvem, ou qualquer das imagens criadas pelos homens. É impossível descrever Deus através de palavras, mas a idéia de uma energia sábia, que ama a tudo e sabe de tudo, possuindo uma sabedoria e um perdão inacreditáveis, chega um pouco mais perto da verdade. Em certo nível, todas as nossas almas refletem a natureza de Deus.

A reencarnação é real. Você pode não acreditar ainda, porque não se lembra ou porque não teve suas próprias experiências, mas a sua crença não afeta a verdade.

O crescimento espiritual relaciona-se mais com o coração do que com a cabeça. Às vezes, o intelecto pode até bloquear o progresso espiritual, porque o intelecto freqüentemente é influenciado pelo medo. O coração é influenciado pelo amor.

O medo pode erguer muralhas em volta do coração. O trabalho de quem cura (médico, terapeuta, enfermeira, pastor, pessoa amada) consiste em dissolver esse muro com a energia do amor. Deixar a luz do coração brilhar, o *chakra* (centro de energia) do coração abrir, reconhecer a divindade dentro de nós.

Se você encontrar um líder espiritual ou religioso que não seja simples e humilde, saia correndo. Essa pessoa ainda não reconheceu que somos todos instrumentos ou veículos para a energia amorosa e curativa que o espírito envia através de nós para ajudar os outros. Esta energia não se origina no intelecto de um determinado líder. Por isso, se ele ou ela for arrogante, fuja ainda mais depressa.

Ouça seu coração, suas intuições e tente não deixar que seus medos dominem os murmúrios suaves e gentis de seu lindo coração. Sinta a liberdade de amar sem restrições, sem reservas, sem condições.

Pois sua vida neste plano é limitada. Você só está na escola. Esta não é sua casa, que é espírito. Quando você volta para casa, leva apenas seus pensamentos, seus atos e seu amor com você.

Neste momento, quero apenas deixá-los com este pensamento: amem livre e completamente. Não tenham medo. Somos espíritos imortais e eternos e sempre somos amados. Na verdade, nós *somos* amor.

Capítulo 15

Valores espirituais compartilhados

Eis aqui algumas passagens dos escritos sagrados de algumas das grandes religiões do mundo. Estas citações demonstram que, na verdade, existe apenas uma única religião, quando você transcende os rituais aparentes e alcança os tesouros espirituais que se encontram além. Na preparação deste capítulo, fui beneficiado pelo maravilhoso livro *Oneness: Great Principles Shared by All Religions* (Unidade: Os Grandes Princípios Compartilhados por Todas as Religiões), de Jeffrey Moses.

Responsabilidade pelos próprios atos

Cristianismo:

O que quer que o homem semeie, irá também colher... Deus dá a cada homem de acordo com a necessidade.

Judaísmo:

Um homem liberal enriquecerá, e aquele que rega também será regado...

Hinduísmo:

Não se pode colher aquilo que não se semeou; deve-se plantar a árvore para que ela possa crescer.

Budismo:

É uma regra da natureza que iremos colher aquilo que semeamos.

Perdão

Cristianismo:

Pois se você perdoar os outros pelo mal que cometeram, seu Pai celestial também irá perdoá-lo; mas se você não os perdoar, então o mal que cometeu não será perdoado por seu Pai... "Senhor, quantas vezes deve meu irmão pecar contra mim e receber meu perdão? Até sete vezes?" Jesus lhe disse: "Não lhe digo sete vezes, mas setenta vezes sete."

Judaísmo:

A mais bela coisa que um homem pode fazer é perdoar os erros.

Hinduísmo:

Os nobres de pensamento dedicam-se à promoção da paz e à felicidade dos outros – mesmo daqueles que os prejudicam.

Budismo:

O ódio nunca é diminuído pelo ódio. Só é diminuído pelo amor – isto é uma lei eterna.

Islamismo:

Perdoe seu servo setenta vezes por dia.

ısmo:

e vire contra o homem que o prejudica. Se alguém bater em s..a face direita, vire-se e ofereça a esquerda. Se um homem quiser processá-lo por causa de sua camisa, dê-lhe também seu casaco.

Abençoados sejam aqueles que promovem a paz, pois estes serão chamados de filhos de Deus... a paz de Deus, que ultrapassa toda compreensão, protegerá seus corações e suas mentes.

Ama teus inimigos, abençoa aqueles que te amaldiçoam, faz o bem para aqueles que te odeiam e ora por teus perseguidores; só assim poderás te tornar filho do Pai celestial, que faz com que o sol se erga tanto para os bons quanto para os maus e manda a chuva para os honestos e para os desonestos. Se amares apenas aqueles que te amam, que recompensa poderás esperar?

"Ama o Senhor teu Deus com todo o coração, com toda tua alma, com toda tua mente." Este é o maior mandamento. Ele vem primeiro. O segundo é parecido: "Ama teu próximo como a ti mesmo." Tudo nas Leis e nos profetas se baseia nestes dois mandamentos.

Este é meu mandamento para vocês: amem-se uns aos outros.

Judaísmo:

Como são belos no alto das montanhas os pés daquele que traz boas notícias, que divulga a paz.

Porém eu te digo: atos de amor valem tanto quanto todos os mandamentos da lei... Fazer, e não aprender, é o principal.

O amor é o princípio e o fim do Torá.

Ama teu vizinho como a ti mesmo.

Hinduísmo:

A mente é inquieta e difícil de controlar, mas deve ser controlada através da prática e da ausência do desejo. Para qualquer assunto a que a mente inconstante se dirija, deve-se dominá-la, trazê-la de volta e colocá-la no Espírito. O contentamento supremo virá para o sábio cuja mente está em paz...

Com gentileza conquista-se a ira; com bondade, a malícia; com generosidade derrota-se toda a maldade; com a verdade direta elimina-se a mentira e a falsidade...

Budismo:

Colhemos o que plantamos... esta é a Lei... sua essência é o Amor; seu objetivo é a Paz...

Conquista teu adversário à força e aumentarás seu ódio. Conquista-o através do amor e não colherás tristezas... A Ele eu chamo sem dúvida de um Brahmana que profere o discurso da verdade, instrutivo e livre de asperezas, para não ofender ninguém.

Quando a retidão é praticada para conquistar a paz, aquele que segue este caminho conquistará a vitória e destruirá todos os grilhões.

Não machuques ninguém com palavras ou atos, sê consistente ao praticar o bem...

Islamismo:

Recompensa o mal, conquista-o com a bondade... Devo dizer-te que atos são melhores do que a abstinência, a caridade e a oração? Promover a paz entre inimigos são tais atos, pois a inimizade e a malícia arrancam as recompensas divinas pela raiz.

O preceito áureo

Cristianismo:

Não julgues e não serás julgado... Sempre trata os outros como gostarias de ser tratado: esta é a Lei e os profetas... O portão que leva à vida é pequeno e a estrada é estreita...

Judaísmo:

Não faças a teu próximo o que é prejudicial para ti. Esta é a totalidade do Torá e o resto são apenas comentários.

Não julgues teu vizinho até que estejas em seu lugar.

Hinduísmo:

Este é o resumo de toda retidão – trata os outros como gostarias de ser tratado.

Não faças nada a teu próximo que não gostarias que ele fizesse a ti.

O homem obtém um critério de ação apropriado quando encara seu próximo como a si próprio.

Budismo:

Não machuques os outros com aquilo que fere a ti mesmo...

Cheio de amor por todas as coisas no mundo, praticando a virtude a fim de beneficiar os outros, este é o homem feliz.

Não julgues teu próximo.

Islamismo:

Faz a todos os homens o que gostarias que fosse feito a ti; e rejeita para os outros o que rejeitarias para ti mesmo.

Valores Espirituais

Cristianismo:

Portanto, deveis ser todo bondade, assim como vosso Pai celestial é todo bom... Não acumuleis para vós tesouros na Terra... acumulai tesouros no Céu... Não se pode servir a Deus e ao dinheiro. Pois qual é o lucro de um homem se ele ganhar o mundo inteiro e perder sua própria alma?... O homem não deve viver apenas de pão, mas sim de todas as palavras de Deus.

Existe um entre vós que, através do pensamento aflito, possa acrescentar um metro em sua altura ou um dia em sua vida? Almejai o reino de Deus e Sua justiça acima de qualquer outra coisa, e o resto virá até vós...

...Se desejais entrar na vida, segui os mandamentos... Não matar; não cometer adultério; não roubar; não testemunhar em falso; respeitar pai e mãe, e amar o próximo como a ti mesmo... se desejais trilhar todo o caminho, vendei vossas posses e dai aos pobres e então tereis riquezas no Céu... é mais fácil um camelo passar pelo buraco de uma agulha do que o rico entrar no reino dos Céus... Porém muitos dos que são os primeiros serão os últimos e os últimos serão os primeiros.

Judaísmo:

Não matarás. Não deverás cometer adultério. Não deverás roubar. Não deverás prestar falso testemunho... Não deverás cobiçar...

Quem deverá subir a montanha do Senhor? E quem deverá ficar em Seu sagrado lugar? Aquele que tem as mãos limpas e o coração puro; que não voltou seu coração para o que é falso e que não jurou em vão.

Que todos os homens falem a verdade a seus próximos; executem o julgamento da verdade e a paz em seus portões... Aben-

çoado seja aquele que considera os pobres: o Senhor o socorrerá em épocas de dificuldades...

O homem não pode viver apenas de pão, mas de todas as palavras que saem da boca do Senhor...

Hinduísmo:

Busca esta sabedoria prestando serviços, procurando arduamente, questionando e sendo humilde... Não existe purificador neste mundo que se compare ao conhecimento espiritual.

Diz a verdade! Cumpre tua obrigação. Não te desvies da verdade.

Budismo:

Como uma linda flor, cheia de cores mas sem odor, são as lindas, porém estéreis, palavras daquele que não age de acordo.

O verdadeiro tesouro é aquele armazenado pelo homem ou pela mulher através da caridade e da piedade, da temperança e do autocontrole... o tesouro assim escondido estará seguro e não se dissipará.

Islamismo:

Sabes quem rejeita a fé? Aquele que negligencia o órfão. E nunca defende o alimento do pobre... Portanto, infortúnio para aqueles que celebram as orações e não as traduzem em atos. Estão apenas se exibindo. E são avessos à caridade... Serás caridoso, pois Alá ama os caridosos...

Não deverás tomar o dinheiro dos outros desonestamente... Não mistures a verdade com falsidade e não escondas a verdade conscientemente... Alá é onipresente, onisciente.

O ser humano está totalmente perdido. Exceto aqueles que acreditam e levam uma vida de retidão e exortam uns aos outros a defender a verdade e exortam uns aos outros a serem fiéis.

Um homem perguntou a Mohammed como saber quando alguém crê realmente e ele respondeu: "Se obténs prazer do bem que fazes e sentes pesar pelo mal que cometes, então és um verdadeiro fiel."

Almeja o conhecimento, do berço ao túmulo.

Imortalidade

Cristianismo:

Que os mortos são trazidos novamente para a vida é mostrado pelo próprio Moisés, quando ele chama o Senhor de "o Deus de Abraão, Isaac e Jacó". Deus não é o Deus dos mortos, mas dos vivos; por causa dele estamos todos vivos.

Vós sois deuses. São chamados de deuses aqueles para os quais as palavras de Deus foram entregues... ninguém que esteja vivo e tenha fé morrerá jamais.

Judaísmo:

O Senhor é meu pastor; nada me pode faltar. Ele me faz deitar em verdes pastos... Ele restaura minha alma... Ainda que eu tenha que caminhar pelo vale da morte, não temerei o Mal, pois Ele está comigo... Certamente a bondade e a piedade irão me seguir todos os dias de minha vida. E eu habitarei a casa do Senhor para sempre.

Hinduísmo:

O conhecimento que, através da alma, é a percepção tanto do conhecido como do conhecedor é... sabedoria... sempre que algo é produzido é devido à união do corpo e da alma. Os iludidos não vêem o espírito quando ele sai ou permanece no corpo...

Lá no fundo reside outra vida, não como a vida dos sentidos, fora do alcance da vista, imutável. Isto permanecerá quando todas as coisas criadas se forem.

A alma individual não é, em essência, nada além da alma universal... Os seres humanos são como a cabeça, braços, tronco e pernas uns dos outros.

Budismo:

O SER é o Senhor do Ser... quando o homem reprime seu ser, será muito difícil encontrar o Senhor... sabendo que seu corpo é como espuma, sabendo que sua natureza é como a de uma miragem, o discípulo passa, intocado, pela morte... Ele, em quem o desejo pelo inexprimível surgiu, cuja mente está impregnada por esse desejo, cujo pensamento não se distrai com desejos menores, é chamado de "Destinado a Subir a Corrente"...

Islamismo:

A riqueza não vem de uma abundância de bens terrenos, mas de uma mente satisfeita... Qualquer bem que faças aos outros, envia ante tua própria alma e deverás encontrar em Deus, que vê tudo o que fazes.

O Deus Universal

Cristianismo:

Deus é amor e aquele que habita no amor habita em Deus e Deus habita nele... Sabeis que sois o templo de Deus e que o espírito de Deus reside em vós?

Pois na realidade o reino de Deus está dentro de vós. Existe um Deus e Pai de todas as coisas, que está acima de tudo e através de tudo e em todos vós.

Judaísmo:

Ouvi, oh, Israel: o Senhor nosso Deus, o Senhor é Um. E deverás amar o Senhor teu Deus de todo coração e com toda a alma e de todas as formas que puderes.

...Ama o Senhor teu Deus... Serve-o de todo o coração e com toda a alma, que eu darei a chuva para tua terra na devida estação... e eu darei grama em teus campos para teu gado e comerás e ficarás satisfeito. E deverás ensinar estas palavras a teus filhos, falando delas quando estiveres sentado em tua casa e quando estiveres andando pelo caminho e quando deitares e quando levantares... que teus dias se multipliquem...

Não temos todos um só Pai? Não foi um só Deus quem nos criou?... Deus criou o homem à sua própria imagem, à imagem de Deus Ele o criou.

Hinduísmo:

Assim como um único sol ilumina o mundo inteiro, um Único Espírito ilumina todos os corpos. Naqueles para os quais o conhecimento do verdadeiro Ser dispersou a ignorância, o Supremo, como se iluminado pelo sol, se revela...

Ele é o único Deus escondido em todos os seres, presente em tudo, o Ser dentro de todos os seres, observando todos os mundos, habitando em todos os seres, a testemunha, o que compreende... O esconderijo de Deus está escondido no coração de todos.

Budismo:

Se pensas que a Lei se encontra fora de ti, não estás seguindo a Lei absoluta, mas um ensinamento inferior.

Aquele que não ama não conhece Deus. Pois Deus é amor.

Islamismo:

Da própria natureza de Deus foi moldado o homem... Todas as criaturas são a família de Deus; e Ele é o Deus mais amado, que mais bem faz à sua família.

Conheça os outros títulos da Sextante:

Do Dr. Brian Weiss:
- Muitas Vidas, Muitos Mestres
- Só o Amor É Real
- A Cura através da Terapia de Vidas Passadas
- Meditando com Brian Weiss *(acompanha CD com os exercícios de relaxamento profundo e meditação para a cura)*
- Fitas de Relaxamento, Meditação e Regressão *(kit com quatro fitas-cassetes)*

De James Van Praagh:
- Conversando com os Espíritos
- Desenvolvendo a Intuição *(kit com duas fitas-cassetes)*
- Em Busca da Espiritualidade

De Mitch Albom:
- A Última Grande Lição

De Daniel Goleman:
- A Arte da Meditação *(acompanha CD com quatro exercícios de meditação)*

De Iyanla Vanzant:
- Enquanto o Amor Não Vem

De Louise Hay:
- Meditações para a Manhã e para a Noite *(acompanha CD com exercícios de meditação)*

De Elizabeth Kübler-Ross:
- A Roda da Vida

De Carol Bowman:
- Crianças e Suas Vidas Passadas

De Richard Bolles:
- Qual a Cor do Seu Pára-Quedas?

De Nick Bunick:
- Os Mensageiros

De Yitta Halberstam & Judith Leventhal:
- Pequenos Milagres

De Jennifer James:
- Vinte Passos para a Sabedoria

De Patch Adams:
- O Amor É Contagioso

De Fadynha:
- Meditações para Gestantes *(acompanha CD com exercícios de meditação)*

De Monique Le Poncin:
- Pense Melhor, Viva Melhor

De Gilberto Ururahy & Eric Albert:
- Como Tornar-se um Bom Estressado

Seminários e Workshops do Dr. Brian Weiss no Brasil

O Dr. Weiss dirige uma clínica particular em Miami que conta com uma equipe de psicólogos treinados para aplicar a terapia de vidas passadas. Ele também organiza seminários, *workshops* e programas de treinamento para profissionais.

Para obter maiores informações sobre os futuros eventos do Dr. Weiss no Brasil, bem como sobre suas fitas de relaxamento, meditação e regressão, favor entrar em contato dando seu nome, endereço completo e telefone para:

Editora Sextante

E-mail: salvend@openlink.com.br
Av. Nilo Peçanha, 155 Gr. 301 - Centro
20020-100 - Rio de Janeiro - RJ
Tel.: (021) 524-6760 - Fax: (021) 533-1622
Serviço de Atendimento: 0800 22 6306
(ligação gratuita)